ARMADILHAS, CICATRIZES E O TEMPO PARA CONSERTAR

Coordenadora editorial: Tânia Lins
Coordenador de comunicação: Marcio Lipari
Capa e projeto gráfico: Equipe Vida & Consciência
Preparação: Janaína Calaça
Revisão: Equipe Vida & Consciência

1ª edição — 1ª impressão
2.000 exemplares — maio 2024
Tiragem total: 2.000 exemplares

CIP-BRASIL — CATALOGAÇÃO NA PUBLICAÇÃO
(SINDICATO NACIONAL DOS EDITORES DE LIVROS, RJ)

E43a
Ellen (Espírito)
Armadilhas, cicatrizes e o tempo para consertar / pelo espírito Ellen; [psicografado por] Meire Campezzi Marques. - 1. ed. - São Paulo: Vida & Consciência, 2024.
320 p. ; 23 cm.

ISBN 978-85-7722-668-9

1. Romance espírita. 2. Obras psicografadas. I. Marques, Meire Campezzi. II. Título.

24-91658 CDD: 133.93
CDU: 133.9

Este livro adota as regras do novo acordo ortográfico (2009).

Vida & Consciência Editora e Distribuidora Ltda.
Rua das Oiticicas, 75 – Parque Jabaquara – São Paulo – SP – Brasil
CEP 04346-090
editora@vidaeconsciencia.com.br
www.vidaeconsciencia.com.br

MEIRE CAMPEZZI MARQUES

Romance inspirado pelo espírito Ellen

ARMADILHAS, CICATRIZES E O TEMPO PARA CONSERTAR

Não importa quanto
tempo se passou,
não importa quantos
desencontros tiveram,
*o **amor** é o verdadeiro*
combustível para nos
fazer seguir em frente.

SUMÁRIO

CAPÍTULO 1

Calmamente, Beatriz fechou a caixinha de música, abriu com dificuldade um sorriso e foi secando as lágrimas que insistiam em rolar por sua face. Por que tantos questionamentos haviam ficado incrustados em sua mente? O que havia de especial em Teodoro, que a deixava tão saudosa de sua presença?

Era dessa forma que ela despertava quase todos os dias. Ao lado de sua cama estava a caixinha de música, que fora um presente de seu amado.

Beatriz recordava-se com exatidão do dia mais feliz de sua vida, em que Teodoro chegou com um embrulho nas mãos. Depois de trocarem um beijo suave, ele entregou-lhe o presente. Era o aniversário da moça. Finalmente, ela chegara à maioridade, e a caixinha de música trazia as alianças de noivado. Foi uma noite perfeita, e Beatriz entregou-se ao amor que os unia. Ela tinha a impressão de que os dezoito anos demoraram tanto para chegar, mas que, para completar os trinta anos, fora muito rápido.

"O tempo passou apressado na minha vida", pensou ela. Beatriz levantou-se da cama e foi olhar-se no espelho.

Lá estavam as marcas do dia mais infeliz de sua vida. Uma cicatriz, que ela tentava esconder encobrindo parte de seu rosto com os longos cabelos, marcava seu pescoço abaixo do queixo e seguia até próximo da orelha.

Beatriz odiava estar marcada daquela forma. Antes do acidente, ela era uma mulher feliz e muito extrovertida, que tinha prazer em viver e desejava que todos estivessem felizes ao seu lado.

Diante do espelho, ficou difícil segurar as lágrimas. Ela desejava que o tempo voltasse para que nunca mais cometesse o mesmo erro. Apesar de amar o ex-marido, Beatriz estava ciente de que se equivocara ao escolher dividir sua vida com ele.

Teodoro era um homem rico, que poderia ter dado a ela o que era de mais caro e luxuoso.

Beatriz entrou no banheiro, usou o vaso sanitário e novamente se posicionou diante do espelho. Lavou o rosto, escovou os dentes e maquiou-se, tentando disfarçar a cicatriz. Depois, penteou os cabelos como gostava, mantendo-os soltos de um lado e presos do lado oposto, onde estava a marca que a infelicitava. Seus olhos estavam inchados. Havia chorado muito na noite anterior e, quando despertou para um novo dia, continuou a chorar.

Beatriz foi até a cozinha, preparou um lanche para comer mais tarde, pois naquele momento não estava com fome. Seu estômago estava enjoado, e a dor de cabeça ainda a perturbava. Tomou dois goles de café, apanhou sua bolsa e apressou-se para pegar o ônibus. Precisava estar no trabalho às oito e meia. Não desejava atrasar-se novamente, pois havia dias que prometera à sua chefe, Francisca, que não chegaria tarde ao trabalho.

O mal-estar a acompanhava durante todo o dia, e calafrios percorriam seu corpo, mas ela tentava disfarçar e seguia trabalhando. Beatriz era camareira em um hotel cinco estrelas à beira-mar, no Rio de Janeiro.

Ela era responsável por limpar e organizar os quartos que ficavam na ala de frente ao mar. Beatriz olhava para aquele mundaréu de água, como sua avó costumava falar, e ficava mais calma. Às vezes, tirava alguns minutos do seu dia atarefado para apreciar a beleza daquele lugar. A moça não tinha tempo de tomar um banho de mar, pois morava em um bairro distante e precisava pegar dois ônibus para retornar para casa. Seu desejo, naquele momento, era deixar de limpar as vidraças, atravessar a avenida e correr em direção à praia, mergulhar no mar e nunca mais retornar à superfície.

Após esse pensamento desastroso, alguém bateu à porta e tirou-a do devaneio angustiante. Era Francisca, chefe de Beatriz.

— Eu estava à sua procura, Bia! Você está bem? Está pálida!

— É o mesmo mal-estar de sempre, Fran. Logo passa.

— Há um homem lá embaixo que está procurando por você.

— Que estranho! Quem pode querer falar comigo?

— Não sei quem ele é, mas posso lhe garantir que se trata de um senhor elegante e bem-apessoado. É melhor que desça para falar com ele.

— Estou terminando a limpeza deste quarto. Descerei assim que acabar.

— Você não compreendeu, Bia. Precisa largar tudo e vir comigo. Tenho certeza de que aquele homem não esperará por você lá embaixo por muito tempo.

— Meu Deus! Será que é meu ex-marido?! Não posso vê-lo! Tenho muito medo dele, Fran! Ele deseja me matar!

— Acalme-se! Eu conheço seu ex-marido das revistas dos famosos. Esse homem não é Teodoro Davilla.

— Sendo assim, eu a acompanho. Minhas pernas estão bambas. O que será que ele deseja?

— Não sei. Talvez não seja uma notícia ruim. Respire fundo e enfrente mais essa situação. Você é uma mulher valente e corajosa.

— Obrigada pelo elogio, Fran, mas hoje não estou com essa valentia toda. Acordei me sentindo mal e desejando terminar com minha vid...

— Não se atreva a dizer mais nada! Você não tem esse direito! Na minha opinião, suicídio é covardia! Força e foco, amiga. Onde está a mulher corajosa que eu conheço?

— Ela sucumbiu à dor, por tudo pelo que passou. Ela deseja voltar ao passado, para que possa, assim, conseguir modificar seu futuro e ser feliz novamente.

— Penso que muitas pessoas têm o mesmo desejo. Você não pode mudar o que passou, Bia, mas pode fazer do presente algo bom e, assim, seu futuro será mais agradável. Esqueça o que passou. Vamos seguir buscando a felicidade a cada segundo. A escolha é sua, Bia.

— Amo seu otimismo, Fran! Você sabe mesmo como me colocar para cima. Desejo saber onde aprendeu ver a vida com otimismo, pois seu olhar está sempre repleto de luz. Você enxerga o lado bom da vida em tudo.

— Eu posso orientá-la a viver com otimismo, mas é você quem terá de realizar o serviço. É preciso querer se modificar, mergulhar fundo dentro de si e no processo de autoconhecimento.

— Mas eu me conheço, Fran.

— Garanto-lhe que você não se conhece. É preciso fazer uma catarse. Arrancar tudo o que está poluindo sua mente e jogar fora. Você não sabe o alívio que isso traz.

As duas desceram do elevador, e Francisca conduziu Beatriz até o senhor que a aguardava sentado em um confortável sofá no saguão do hotel.

Beatriz estava assustada, e seu estômago dava pontadas agudas, o que a fez levar a mão até ele e apertá-lo com força. Ela respirou fundo para controlar a dor.

Francisca afastou-se após dizer:

— Aqui está ela, senhor. Essa é Beatriz Fontes Davilla.

— É um prazer conhecê-la senhora Davilla.

— Desejo me desvencilhar desse sobrenome. Pode me chamar de Beatriz Fontes, por favor.

— Como preferir, senhora Beatriz. Sou João Vicente Cavalcante, advogado de Teodoro Davilla.

Nesse momento, Beatriz sentiu suas pernas fraquejarem, e ela caiu sentada no sofá.

— O desgraçado me encontrou novamente! O que o trouxe aqui? Existem mais denúncias mentirosas envolvendo meu nome? Teodoro nunca me deixará em paz?! — questionou.

— Acalme-se! Não se trata de uma notificação desagradável. Eu venho...

Beatriz interrompeu o advogado dizendo:

— Isso é impossível! Teodoro nunca me daria uma boa notícia. Ele é desprezível e me odeia.

— Escute bem o que tenho para lhe dizer. Teodoro está morto. A senhora é a única e legítima herdeira dos bens daquela família.

— Não estou compreendendo! O senhor disse que Teodoro está morto?

A palidez tomou conta da face de Beatriz, que acabou desfalecendo reclinada no sofá. João Vicente assustado com a reação da mulher à sua frente, não sabia o que fazer.

Francisca atendia a um hóspede no balcão, quando viu a cena e correu para socorrer a amiga. Não era seu costume deixar um hóspede esperando por atendimento, mas sabia que Beatriz não estava brincando. Ela esfregou as mãos da outra e deu batidinhas em sua face chamando-a pelo nome.

Aos poucos, a moça foi retomando as cores, saindo da grande palidez e despertando do desmaio.

— Graças a Deus, você voltou! O que houve?

— Eu disse à dona Beatriz que o ex-marido dela faleceu. Não esperava por essa reação. Desculpe-me. Deveria ter tido mais cuidado para transmitir essa trágica notícia.

— Eu realmente não esperava por essa notícia. Faltou-me o ar, e eu desmaiei.

Foi a vez de Francisca se manifestar questionando:

— Pode explicar o que aconteceu a ele? Não li uma só nota no jornal sobre esse assunto. Essa família é conhecida, e a notícia da morte seria divulgada nos jornais. Como podemos ter certeza de que o senhor está dizendo a verdade?

— Os acionistas da empresa conseguiram abafar o escândalo da trágica morte de Teodoro, mas não por muito tempo. Eles desejam que Beatriz assine alguns papéis passando uma procuração para que lidem com os negócios das empresas.

— Não compreendi! O senhor quer que ela assine os papéis para aquele bando de abutres queimarem toda a fortuna da única herdeira? É isso o que veio fazer aqui? — perguntou Francisca, já irritada com o homem.

— Não é bem assim, senhorita! Eu represento os acionistas da família Davilla. E preciso levar os documentos para a empresa antes que a imprensa divulgue o falecimento trágico de Teodoro. Não me entendam mal... Preciso que ela assine esses papéis e partirei em seguida.

— O senhor pode partir agora mesmo. Beatriz não assinará nada. Deveria se envergonhar por representar esse papel ridículo. Saia agora. Deixe-a em paz.

Beatriz estava calada segurando um calhamaço de papéis que o advogado lhe entregara. Francisca pegou os documentos, começou a rasgá-los e jogou os pedaços em cima do advogado, que se apressou em deixar o saguão do hotel. Já à porta, ele vociferou:

— Vocês se arrependerão do que fizeram. Eu trabalho para pessoas muito poderosas. Suas tolas! Eles engolirão as duas vivas.

— Francisca, ele está com a razão. Os sócios de Teodoro são capazes de tudo para obter o que desejam! São capazes de matar a própria mãe por dinheiro.

— Não vamos deixar que o medo tome conta de nós. Querida, esse homem deve estar mentindo sobre o desencarne de Teodoro. A imprensa não deixaria de transmitir essa notícia. Esse advogadinho queria que você assinasse os documentos para usar seu nome em alguma falcatrua daquela empresa.

— Estou confusa. O que será que Teodoro deseja? Tenho certeza apenas de uma coisa: ele novamente conseguiu me encontrar. Preciso desaparecer ou estarei morta assim que a noite cair e eu colocar os pés para fora do hotel. Ele vai me matar, Fran!

— Não vamos entrar nessa paranoia novamente! Você tem uma medida protetiva. Seu ex-marido não pode se aproximar de você.

— Você não conhece Teodoro, Fran. Ele é capaz de quebrar todas as regras para se vingar. Eu me tornei uma pedra no sapato dele. Estou perdida! Preciso deixar esta cidade imediatamente.

— Talvez você tenha razão, mas não dou crédito para a maldade. Procuro não entrar em sintonia baixa de energia negativa. Posso aconselhá-la, contudo, a não ter medo. Você mais do que ninguém sabe o quanto o medo atrai o que não desejamos.

— Fran, eu adoro você, mas neste momento não há como eu não ficar com medo do meu ex-marido. Ele é um homem nervoso e vingativo. O medo sempre me acompanhou depois do que ocorreu. Fico gelada só em pensar que Teodoro pode me matar. Preciso sair daqui, pois tenho certeza de que ele deve estar lá fora me aguardando para terminar o que começou há quatro anos.

— Vamos chamar a polícia.

— E dizer o quê? Que Teodoro Davilla está lá fora me esperando para me matar?!

— Vamos deixar esse assunto para a polícia. Bia, pegue sua bolsa. Vou levá-la para um lugar seguro.

— Não posso envolvê-la nesse assunto, Fran. É perigoso demais. Pense na sua mãe... Nós a colocaríamos em perigo. Eu gostaria de ir para o aeroporto. Lá, compraria a primeira passagem para algum lugar bem distante do Brasil, mas eu não posso abandonar... Fran, você pode me arrumar um disfarce? Preciso deixar o hotel o mais rápido que puder.

— Não temos nada para ser usado como disfarce no hotel. Pedirei para uma das funcionárias comprar um chapéu na praia e óculos escuros grandes. O que acha de ficar morena e cortar os cabelos bem curtinhos?

— Cabelos curtos não esconderiam minha cicatriz. Ficar morena seria estranho, mas é uma ótima ideia.

— Não quero que nos deixe dessa forma. Sabe que penso diferente de você. Se acontecesse comigo, eu ficaria e enfrentaria esse sujeito.

— Compreendo, Fran. Para você, o bem sempre vence. Isso, em teoria, é fantástico, mas na realidade não é bem assim que as coisas funcionam.

— Minha querida, enquanto você viver dando força para o negativo, não abrirá o caminho para o positivo entrar em sua vida. A conexão mental e energética dominam o que você apresenta em sua vida. Creia que podem existir bênçãos onde o bem é absoluto. Você escolhe ao que dará mais valor. Se ao bem ou ao mal.

— Tenho muito para aprender, mas ainda não evolui a esse nível de não temer o mal. Apenas sei que ele existe e me persegue. Penso que o mal é forte. Como eu queria olhar o mundo através de sua ótica positiva e otimista. Tenho certeza de que eu seria mais feliz.

— Enquanto não enfrentar o mal que você deixou entrar em sua vida, nada mudará. É uma questão de escolha, pois só existem dois lados: o bem e mal. Agora vamos preparar o disfarce. Comprarei uma passagem para você pelo telefone. Para onde deseja ir?

— Não posso deixar o Brasil, mas, se pudesse, iria para a Patagônia, na Argentina.

— Você se acostumaria a um lugar gelado? Que tal alguma ilha no Caribe?

— Tem razão, Fran. Seria melhor um lugar belo e quente, que me deixaria mais feliz, mas preciso seguir para o interior de São Paulo.

— Não compreendi. O que há em São Paulo que a faça querer voltar para lá? Tenho amigos no Caribe, Bia. Pedirei a eles que lhe arranjem uma colocação em um dos hotéis em que eles trabalham.

— Fran, você é maravilhosa! Obrigada. Preciso seguir para o interior do estado de São Paulo, pois existe alguém que precisa de minha ajuda lá. Mas agora só quero poder passar em casa para apanhar aquela caixinha de música e algumas roupas.

— Mandarei o motorista do hotel apanhar o que você precisa. Quer ver sua mãe em São Paulo?

— Minha mãe já faleceu, Fran. É uma longa história. Contarei a você assim que me sentir segura e mais calma.

As duas seguiram para o salão de beleza do hotel para dar início ao disfarce de Beatriz.

CAPÍTULO 2

A noite chegou, e tudo estava pronto para a partida de Beatriz. Francisca aguardava o regresso do motorista do hotel, que seguira para a casa de Beatriz havia duas horas, mas ainda não retornara com os pertences da moça.

Francisca, em incontáveis momentos daquela tarde, espiou a rua para verificar se ele havia retornado. Ela deixou de sobreaviso o porteiro e o segurança que ficava parado na porta do hotel.

— Observem se existe alguém espreitando o hotel. E quando José, o motorista, chegar, avise-me.

— Dona Francisca, percebemos essa manhã que um grupo de motoqueiros estava rondando o quarteirão. Eles passaram diversas vezes por aqui. Dobravam a esquina e retornavam. Mas, depois que a senhora colocou aquele homem para fora, todos se foram.

— Fiquem atentos e me avisem se algo estranho ocorrer novamente. Por que José está demorando tanto?

— Se ele seguiu para os lados do subúrbio, está tudo congestionado. Ocorreu um tiroteio por lá. O Zé deve estar preso no trânsito.

— Isso não poderia ter ocorrido hoje! Estou com pressa, e ele tem hóspedes para levar ao aeroporto esta noite.

— Se precisar, eu me ofereço para levá-los, patroa.

— Obrigada. Se precisar, farei o pedido. Fiquem atentos, por favor.

Francisca retornou para o saguão do hotel e foi avisada de que Beatriz a esperava no refeitório dos funcionários. Ela apressou-se a ir até lá e deparou-se com uma moça de cabelos pretos e estatura mediana, que passou por ela sem dizer nada. Era Beatriz disfarçada. Depois desse encontro proposital para descobrir se seria reconhecida, ela retornou, encontrou a amiga no refeitório e disse:

— Você não me reconheceu! Passei no teste! Posso viajar mais tranquila.

— Bia, você está lindíssima. Tornou-se outra pessoa! Não a reconheci de verdade. Pensei que era uma hóspede do hotel.

— Veja, Fran. A maquiadora conseguiu disfarçar a cicatriz no meu pescoço. Ela me ensinou como fazer isso. Você acha que Teodoro não me reconhecerá?

— O disfarce ficou perfeito! Eu não a reconheci... Quanto à cicatriz... parece que ela nunca existiu! Bia, o José ainda não retornou de sua casa. Penso que devemos mudar sua passagem para amanhã.

— Será que José foi pego pelos capangas de Teodoro? Meu Deus! Isso não poderia ter ocorrido. José tem filhos pequenos para criar! Ele deve estar morto!

— Bia, não seja trágica! Ele deve estar preso no trânsito.

— Não sei... tudo é possível quando se trata daquele miserável do Teodoro. Você ligou para o celular do José?

— Liguei inúmeras vezes. Está fora da área de cobertura.

— O que vamos fazer? Não deveria tê-lo envolvido nessa história, mas você sabe como sou apegada àquela caixinha de música. Carregarei mais esse peso em minha consciência... se José...

— Você realmente não se emenda! Positividade é um remédio maravilhoso, que pode transformá-la em um polo atrativo para as bênçãos chegarem até você. Mas você insiste em ser um polo atrativo para o mal. Quando vai acordar, Bia?

— A culpa é toda minha. Estou ciente disso, mas o que posso fazer? Não sei me posicionar de outra forma. Se algo acontecer a José, a culpa será toda minha. Por que fui falar que desejava fugir levando minha caixinha de música?

O celular de Francisca tocou, e ela atendeu. Do outro lado da linha, José informou que estava com os pertences da camareira. Ele contou que a humilde casa de Beatriz fora saqueada e que tudo estava revirado. Disse que foi difícil entrar e pegar os pertences da moça. A vizinhança contou que alguns homens trajados de ternos escuros arrombaram a porta e saíram de lá com alguns papéis e uma caixinha de música.

Ao ouvir a notícia, Francisca mudou seu semblante, e Beatriz percebeu. Imediatamente, ela perguntou:

— Teodoro mandou invadirem minha casa? Eu sabia... É bem a cara dele dar ordens como essa.

Francisca agradeceu a José e pediu que ele se apressasse e levasse a mala de Beatriz direto para o aeroporto. Ela desligou o celular e disse:

— Você precisa se apressar. Os homens que invadiram sua casa levaram alguns papéis e a caixinha de música.

Beatriz ficou pálida, e as lágrimas tomaram conta de seus olhos.

— A caixinha não! Se ele encontrar o compartimento secreto, descobrirá a verdade.

— Vamos para o aeroporto, Bia. Não adianta ficar se lastimando. Você está realmente em perigo aqui. Sinto muito por sua caixinha de música. Por sorte, você carrega seu passaporte em sua bolsa.

— Fran, você não está compreendendo... Teodoro vai descobrir tudo! Estou desesperada.

— O que está escondendo? Por que esse desespero, Bia?!

— Eu preciso seguir para o interior de São Paulo. Não posso deixar o país agora.

— Você ficou doida?! Precisa desaparecer para não ser levada por seu ex-marido. Não permitirei que cometa esse desatino.

— Eu sinto muito, Fran, mas realmente preciso ir para São Paulo. Não posso colocá-la em perigo. Obrigada por tudo o que fez por mim. Serei eternamente grata a você.

— Você não pode me deixar sem saber o que está acontecendo, Beatriz! Por que precisa mudar os planos de viagem?

— Fran, tem alguém muito especial que precisa de minha ajuda. Não vou abandoná-la nas mãos de Teodoro. Ele pensa que nossa filha está morta. Ele imagina que eu a abortei depois da violência que sofri. Meu bebê sobreviveu e está precisando da mãe. Naquela caixinha de música há um compartimento secreto onde guardei a certidão de nascimento dela. Ele vai descobrir que nossa filha está viva e colocará todo o seu poder para encontrá-la e matá-la.

— Ele seria capaz de matar a própria filha?

— Teodoro talvez pense que o pai da criança que eu esperava seja Arthur. Essa foi razão pela qual ele tentou nos matar naquele acidente com meu carro.

— Você não me contou essa parte da história.

— Ninguém sabe disso, Fran. Precisava ser dessa forma ou minha menina estaria em grande perigo.

— Em que local deixou sua filha?

— Deixei-a em um orfanato. Eu sabia que não poderia criá-la. Tentei protegê-la deixando-a no orfanato. Envio metade do meu salário para lá todos os meses, Fran. Ajudo como posso o local, e, uma vez por ano, faço uma visita para minha pequena. Ela é uma criança tão esperta e bonita. Minha pequena, infelizmente, tem os mesmos traços de Teodoro. Bastaria ele colocar os olhos sobre ela para descobrir que é o pai da criança.

— Se é tão parecida com ele, Teodoro, ao ver a menina, não descobriria que ela tem seu sangue?

— Teodoro mandará fazer o serviço como fez comigo e com o coitado do Arthur. Ele não perderia seu precioso tempo para conhecer o fruto do que ele imagina ser de uma traição.

Beatriz retirou da bolsa o celular e mostrou uma fotografia da filha.

— Veja. O mesmo tom de azul nos olhos, e a cor do cabelo dela é idêntica à do pai. Além disso, o rostinho dela tem os mesmos traços daquele maldito! Se ele encontrar aquela certidão de nascimento no compartimento secreto da caixinha de música, estaremos nas mãos dele.

— Ela é linda! Está com três anos ou mais, Bia?

— Minha amada Eva completará quatro anos daqui a seis meses. Ela é cheia de vida e muito esperta para sua idade. Sinto tanta saudade da minha pequena!

— Venha, Bia. Temos que mudar nossos planos. Levarei você até sua filha e as deixarei em um lugar seguro. Prometo que Teodoro não as encontrará.

— Não quero que se envolva nessa história, Fran. Não precisa colocar-se em risco e envolver sua mãe nisso. Darei um jeito de desaparecer sem deixar rastros, como venho fazendo há quase quatro anos.

— Como fez até aqui? Teodoro a encontrou e tentou enganá-la por meio daquele advogado. Não foi a primeira vez que ele a encontrou, não é verdade?

— Você tem razão. Subestimei o desejo de vingança daquele maldito, Fran. Você acredita que um dia eu amei aquele homem?! Tive coragem de deixar minha família para ficar com ele! Como fui tola! Gostaria de nunca ter conhecido Teodoro.

— E sua filha não existiria em sua vida. Pare de se queixar, e vamos tomar as providências cabíveis diante dos novos fatos.

— Tem certeza de que deseja se envolver nisso, Fran? Teodoro é muito vingativo. Ele virá como uma locomotiva para cima de você. Tem certeza de que deseja isso para sua vida? Sua mãe pode correr perigo. Teodoro é um covarde e ataca o lado mais vulnerável de seus inimigos.

— Eu já estou envolvida, Bia. Não posso virar as costas para você, que é minha amiga. Agora, sabendo que uma criança inocente corre perigo, eu jamais deixaria de ajudá-la. Precisa me dizer em que cidade do interior de São Paulo fica esse orfanato. Temos que traçar uma rota segura para chegarmos até lá antes de seu ex-marido.

— Obrigada, Fran. Juro que não desejava envolvê-la em meus problemas. É perigoso.

— A vida a trouxe até este hotel, e eu a contratei. Temos um vínculo de amizade saudável. Se a vida a colocou em meu caminho, eu tenho certeza de que posso ajudá-la. Nada funciona por mero acaso, Bia. As engrenagens da vida giram na perfeição. Sinto que tenho algo para aprender com essa situação. Não posso ficar de braços cruzados vendo uma amiga em apuros.

— O que fará para deixar sua mãe em segurança?

— Vamos todas juntas enfrentar esse desafio. Tenho uma ideia ótima.

— Fran, não envolva sua mãe nessa história. É melhor você ficar onde está. Eu preciso pegar um ônibus e seguir para São Paulo. Não suportarei vê-las em perigo.

— Pare com esse medo excessivo! Já estou envolvida nesse assunto. Mamãe vai adorar o passeio. Ela e eu precisamos de férias do trabalho. Talvez ainda esta noite você seguirá para a cidade no interior de São Paulo.

— Se você deseja mesmo embarcar nessa aventura perigosa, eu aceitarei sua ajuda. Seu modo de falar ameniza o que realmente está acontecendo. Você tem o poder de deixar tudo mais suave e agradável.

— Você também tem esse poder de trazer cor e brilho para sua vida. Basta querer, Bia. É só deixar de ser dramática e negativa. Não dê esse poder todo a quem não tem poder algum. Imagine Teodoro como uma pessoa normal. Não alimente o medo que sente dele. Faça um exercício mental e imagine seu ex-marido pequeno como uma criança de colo, frágil e desprotegido. Que sensação isso causa em você?

— Alívio! E chega a ser engraçado imaginá-lo dessa forma.

— Perante as forças espirituais de grande evolução, é dessa forma que somos vistos. Não passamos de bebês brincando de gente grande. Somos amados por eles e temos condições de seguir evoluindo e enfrentando os desafios que surgem em nosso caminho.

— Você ainda acabará me convencendo de que existe alguém do outro lado da vida que me ama.

— Tenho a intenção de convencê-la disso, mas antes você precisa aprender a se olhar com mais amor. Não sabe o poder que tem, minha amiga. Teodoro não terá como atingi-la se você usar sua força a seu favor. Ele não poderá atingi-la negativamente, se você não der permissão. Use seu poder, Bia.

— Me ensine a descobrir esse poder a que se refere, Fran! Você fala como se todos nós fôssemos deuses!

— E nós somos! Basta acreditar nisso! Somos capazes de criar verdadeiros milagres. Abra-se para as bênçãos em sua vida. Positive-se. Mente e energia sadias são portas abertas para as mudanças. As velhas crenças precisam ser jogadas fora e extirpadas do pensamento. Nós podemos tudo, se valorizarmos verdadeiramente o bem

— Estou sentindo um calorzinho no peito... o que é isso?

— É você abrindo o caminho para a felicidade. Se der espaço para a energia positiva entrar por essa porta, você ficará bem. Já começou a expandir o chacra cardíaco. Finalmente, começou a sentir! Saiba que você é capaz de modificar seu humor, Bia. Chega de amargura. Eu quero ajudá-la. Sorria, pois existe um mundo novo a ser descoberto à sua frente. Vamos lá retirar sua pequena daquele orfanato. Essa criança precisa estar ao lado da mãe.

Beatriz abriu um leve sorriso ao se imaginar vivendo ao lado de sua filha. Era o seu maior desejo criar sua pequena com todo o seu amor. Ela abraçou a amiga com gratidão.

— Está pronta para nossa aventura por essas estradas?

— Estou, Fran. Seja lá o que Deus desejar para nossa vida. Ontem à noite, fui dormir com um aperto no peito, me sentindo muito triste. Estava com muitas saudades de Eva... Desejava modificar meu passado e nunca ter conhecido Teodoro. Chorei muito à noite, e, pela manhã, meu sexto sentido me avisou que estávamos em perigo.

— Deus deseja somente o melhor para nós. Tenha certeza do amor Dele. Coloque seu desejo unido a Ele e aproveite Suas bênçãos. Fique firme no bem, no positivo. Não quebre essa ligação entre vocês. Seu futuro começa agora.

CAPÍTULO 3

As duas trocaram os uniformes de trabalho. Francisca solicitou suas férias no departamento de pessoal, e Beatriz pediu demissão. As duas deixaram o hotel. Enquanto dirigia seu carro em baixa velocidade para deixar o estacionamento, Francisca notou que uma moto havia se posicionado atrás de seu veículo. Beatriz estava deitada no banco traseiro, coberta por um cobertor. O motoqueiro seguiu Francisca até seu prédio.

Entrando na garagem, Francisca estacionou diante da entrada do elevador, e Beatriz entrou rapidamente, acionando o botão para o 15º andar. Ela estava suando por ter ficado coberta durante todo o trajeto até o prédio, e a noite carioca estava quente. Para esconder o rosto das câmeras do prédio, Beatriz usou um chapéu de praia de aba longa e manteve a cabeça baixa. Depois, tocou a campainha do apartamento de Maria, a mãe de Francisca.

Maria abriu a porta rapidamente, ciente de que era Beatriz quem estava do lado de fora. Francisca havia ligado para a mãe antes de sair do hotel e a deixara a par dos últimos acontecimentos.

Em seguida, Francisca estacionou seu carro em sua vaga na garagem e seguiu calmamente para seu apartamento. Quando abriu a porta, percebeu a movimentação rápida das duas mulheres. As malas estavam espalhadas pela sala, e o cheiro que vinha da cozinha a deixou com água na boca. Francisca se apressou em direção à cozinha, abriu a panela e disse:

— Que delícia! Vamos comer vatapá, mamãe?

— Filha, quando você me avisou da viagem, eu já estava preparando o nosso jantar favorito.

— Adoro esse prato. Não se esqueça de colocar o que sobrar para levarmos na viagem. Não podemos parar para nos alimentar no caminho até deixarmos o estado do Rio de Janeiro.

— Não se preocupe com nada. Tudo de que precisamos já está no meu carro. Falta apenas descer as malas das duas.

— Onde está sua bagagem, Bia?

— Talvez esteja à minha espera no aeroporto. Não sei como vamos levar meus pertences nesta fuga! José não pode trazer as malas até aqui.

— Eu vou apanhá-la. Fiquem aqui.

— Não, mamãe! Os homens de Teodoro podem segui-la e estragar nosso disfarce. Afinal, nós vamos viajar em sua van escolar. A senhora não pode expor o veículo pegando as malas da Bia.

— Não irei até o aeroporto com minha van escolar. Uma amiga me fará esse favor. Eu conheço o José. Ele já esteve aqui algumas vezes trazendo pacotes destinados a você, filha. Passe o número do celular dele, por favor.

— Mamãe, tome cuidado. Um motoqueiro está lá embaixo nos vigiando. Ele me seguiu até aqui, está vestido com um macacão de couro preto e tem na cabeça um capacete com visor espelhado, que esconde completamente o rosto dele.

— Tome muito cuidado, dona Maria. Ele é um dos homens que Teodoro contratou para me matar.

— Não sou dona de nada, Bia. Pode me chamar de Maria. Não se preocupem! Sou muito esperta! Entrei nesta aventura para sentir a adrenalina ao máximo. Estarei de volta em pouco tempo com sua bagagem.

Francisca digitou o contato de José no celular da mãe, e, pouco depois, Maria saiu do apartamento, entrou no elevador, desceu no primeiro andar e chamou por sua amiga Karina.

— Querida, precisamos seguir para o aeroporto do galeão. Teremos uma missão importante esta noite. Um conhecido teve suas malas extraviadas. Vamos ao resgate dessas bagagem?

— Você sabe que pode contar comigo sempre, Maria. Vamos ao resgate das malas sem demora.

— Só tem um probleminha. Minha van está com problemas nos freios. Podemos ir com sua van escolar esta noite? — perguntou Maria.

— Claro! Meu tanque está cheio. Melhor seguirmos antes que o Inácio deixe a guarita e venha para o jantar. Deixarei um recado colado na geladeira, afinal, o jantar já está pronto sobre o fogão.

— Obrigada, amiga. Eu sabia que poderia contar com sua ajuda!

— Eu não esqueço que você trabalhou dobrado com sua van para levar as crianças contratadas da minha van.

— Você também teria feito o mesmo por mim, afinal, veículos que transportam crianças também quebram. E foram apenas três dias!

Karina saiu apressada após deixar o bilhete para o marido, que trabalhava na portaria do prédio. Ele estava na guarita, quando abriu o portão para a esposa sair. Inácio ainda tentou acenar para descobrir para onde sua mulher estava indo, mas Karina acelerou e se afastou rapidamente com o veículo.

Ao sair do prédio, Maria notou que havia um motoqueiro parado do outro lado da rua, que, pela descrição feita por Francisca, se tratava de um dos homens contratados pelo ex-marido de Beatriz. Maria nada disse para a amiga que estava ao volante.

Maria usava o espelho que ficava no quebra-sol para se certificar de que não estavam sendo seguidas. As ruas da cidade do Rio de Janeiro estavam tranquilas, pois muitas pessoas saíam da capital carioca nas férias de janeiro. Em poucos minutos, as duas entraram na área de desembarque do aeroporto.

Maria apressou-se a descer da van, caminhou por cinco minutos e avistou José com duas malas. Ele estava sentado em um dos bancos perto de uma lanchonete como fora combinado com Francisca. José não reconheceu Maria de imediato. Ele ainda estava assustado com o que encontrara na casa de Beatriz. Não havia sobrado um só copo inteiro, tudo estava quebrado.

Maria aproximou-se discretamente, sentou-se no banco ao lado e disse sem olhar para ele:

— José, sou eu, Maria, a mãe de Francisca. Não olhe em minha direção. Você está sendo observado por dois homens que estão na lanchonete à nossa frente — Maria fingiu que estava falando ao celular.

José permaneceu calado, e Maria continuou:

— Entre na lanchonete e distraia os dois homens. Eu levarei as malas para Beatriz. Obrigada por tudo. Até outro dia.

José fez o que Maria sugeriu. Entrou na lanchonete e armou uma confusão com a atendente do balcão ao fazer seu pedido. Os homens de Teodoro ficaram observando-o, sem notarem que Maria levara as malas em direção à saída do aeroporto.

Rapidamente, ela chegou até a van e colocou a bagagem em seu interior. Depois, entrou no veículo, enquanto Karina dava a partida no motor e observava a agitação da amiga.

— Você está ofegante! As malas devem estar pesadas. Elas não tinham rodinhas?

— Se tinham... eu não aproveitei essa praticidade. Estou com pressa, pois Francisca e eu vamos pegar estrada ainda esta noite. Nós vamos tirar férias.

— Que gostoso é viajar! Como eu queria poder viajar com Inácio, mas o homem só pensa em trabalhar! Pretendo aproveitar a praia próxima do nosso prédio nessas férias antes do início das aulas, pois quero ficar bronzeada. Aproveite bem suas férias, amiga, e volte com aquele bronzeado! Você não disse para onde irá.

— Na verdade, ainda não decidimos. Sairemos seguindo o litoral até onde Deus permitir. Não temos um rumo certo.

— Isso é sua cara! Viajar sem rumo. Aventura é o nome que se dá a essas férias. Faz bem mudar de ares.

As duas continuaram conversando no caminho de volta. Maria observava se não estava sendo seguida. Já na garagem, ela colocou as malas na van e despediu-se da amiga, pedindo-lhe que regasse suas plantinhas de vez em quando.

Quando entrou no apartamento, Maria encontrou mais bagagens espalhadas pela sala. Francisca e Beatriz ouviram a porta se abrindo, saíram do quarto e correram para a sala. Francisca perguntou:

— Como foi por lá? Encontrou José?

Foi a vez de Beatriz se manifestar e questionar:

— A senhora foi seguida? Os homens de Teodoro estavam lá?

— É melhor conversamos na cozinha, pois estou faminta. Os homens do seu ex-marido estão por toda a parte nesta cidade! Um deles está lá embaixo vigiando o prédio, e outros dois estavam vigiando José no aeroporto. Mas eu sou esperta!

— Lá vem ela com suas proezas. Mamãe adora contar histórias. Ela poderia ser uma excelente escritora.

Maria respondeu já na cozinha:

— O vatapá está esfriando. Venham jantar.

Após higienizar as mãos, todas sentaram-se em volta da mesa. Antes de colocar a primeira garfada na boca, Maria narrou sua aventura com entusiasmo, como lhe era peculiar. Terminou de contar e começou a comer. Francisca avisou:

— Nós temos que nos apressar. Quero partir esta noite.

— Pensei que partiríamos pela manhã, mas você tem razão, Fran. É melhor sairmos da cidade o quanto antes — comentou Maria.

— Melhor desaparecermos o mais rápido possível. Eu temo que Teodoro mande invadir esse apartamento — disse Beatriz assustada.

— Ele não sabe que você está aqui, Bia. Fique tranquila.

— Não consigo ficar tranquila com aquele monstro me caçando como se eu fosse sua presa... Por que ele não me deixa em paz?!

— Filha, você não ensinou a ela que o medo atrai o que não desejamos?

— Tentei, mamãe. Beatriz ainda é novata nesse assunto de polo atrativo através da energia que geramos. Ela não sabe que tudo o que acontece em sua vida é porque ela atrai com escolhas erradas. Eu disse a ela que o medo a coloca no mal. Que o mal só atrai o mal, e o bem só atrai o bem. Não existe outro tipo de escolha a se fazer.

— Desculpe-me. Eu realmente não compreendo o que querem dizer com bem ou mal, pois venho de uma criação religiosa diferente.

— Querida, não se trata de religiosidade. Estamos falando de posicionamento na vida. Não dê espaço para o mal em seus pensamentos, atos e em suas ações. Fique no bem. Você ainda aprenderá a ser uma pessoa otimista, que estará sempre com seu polo energético conectado com a força maior, que rege poderosas energias positivas. Estou falando de bênçãos que mudam comportamentos e da felicidade, que se torna uma constante em nossas vidas.

— Quero muito aprender sobre isso. Eu agradeço a paciência das duas.

— Nós temos paciência, Bia. Permita-se aprender a ter paz dentro desse seu coração aflito.

Beatriz tentou esboçar um sorriso, mas deixou uma lágrima rolar em sua face. Francisca mudou de assunto e comentou com Maria:

— Mamãe, vamos deixar tudo limpo e arrumado e partiremos em seguida. Bia, os homens de Teodoro não sabem que você está aqui. Eles estão à sua espera no hotel, pois devem imaginar que você continua lá. Fique calma.

— Estou realmente procurando essa calma aqui dentro, mas devo lhe confessar que não a estou encontrando. Temo por todas nós, inclusive por minha filha, que está indefesa naquele orfanato.

— Não me contaram que havia uma criança envolvida nessa história — comentou Maria.

— É minha filha com Teodoro. Ele pensa que ela está morta. Acredito que desconheça a existência dela. Estou apavorada! Teodoro pode descobrir a qualquer momento que ela está viva.

— Você deixou sua filha em um orfanato?

— Foi a única opção que tive naquele momento. Temia que aquele maldito descobrisse que ela sobreviveu à violência que sofri da parte dele naquele acidente forjado.

— Ele bateu em você quando estava grávida?

— Mamãe, Bia tem muito para nos contar, mas é melhor que faça durante o trajeto até o orfanato. Vamos seguir para lá e depois desaparecer por um tempo. Podemos ir para aquele lugar acolhedor.

— Filha, você pretende voltar ao chalé da chapada dos Guimarães?

— É o nosso destino. Não consegui pensar em outro lugar para ficarmos escondidas. Aquele lugar é muito bonito! Nós vamos passar uma temporada muito agradável no chalé que foi do meu pai. Lá não tem luxo, Bia. Tudo é rústico e agradável. Quando entramos no chalé, temos a impressão de que estamos voltando no tempo. Meu pai o construiu para isolar-se do mundo. Ele adorava fazer longos passeios na mata — comentou Francisca.

— Mandei reformá-lo há alguns anos, pois costumávamos passar as férias escolares de Francisca lá. Faz tempo que não vamos àquele lugar calmo e agradável. Pegarei a chave para abrir a porta do chalé.

— A senhora não deixou uma cópia com os vizinhos?

— Deixei. Espero que Antônia tenha continuado a cuidar bem do lugar. Já faz dois anos que não falo com ela, mas deposito o dinheiro na conta dela todos os meses.

— Se os vizinhos não limparam o mato em volta do chalé, será melhor para nós, pois ficaremos ainda mais escondidas. Ninguém suspeitará que estaremos lá.

— Podemos nos apressar? Estou ficando aflita. Se Teodoro descobrir a certidão de nascimento de Eva naquela caixinha de música, minha filha pode ser assassinada pelo próprio pai a qualquer momento.

— Bia, não repita essa frase nunca mais! Pode me dizer se naquela caixinha tem o endereço do orfanato onde você deixou sua filha?

— Não tem, mas há os extratos bancários referentes aos depósitos que faço todos os meses para o orfanato. Você disse que José relatou que levaram alguns papéis. Os extratos bancários devem estar entre eles... Não será difícil fazer a ligação entre a certidão e os depósitos bancários.

— Você tem razão. Precisamos nos apressar. Eu lavarei a louça, enquanto vocês descem com as bagagens — disse Francisca.

— Posso fazer isso sozinha. Cuidem da arrumação da cozinha. Esvaziem os armários e a geladeira. Vamos levar todos os alimentos que encontrarem neste apartamento. Não se esqueçam dos produtos de limpeza e de higiene. Não quero sair do chalé para não levantarmos suspeitas — afirmou Maria.

O jantar foi encerrado, e as três correram para cumprir todas as tarefas para sair da cidade.

CAPÍTULO 4

Maria deu partida no carro, assim que Beatriz e Francisca se esconderam debaixo dos cobertores que estavam nos bancos traseiros. Ela olhou para os lados assim que saiu da garagem do prédio e avistou o motoqueiro do outro lado da rua.

Ela acenou para Inácio e partiu lentamente. Não queria levantar suspeitas. Quando chegou ao final da rua, ajeitou o retrovisor e notou que o sujeito ainda continuava aguardando a saída de Francisca do prédio. Maria entrou na rodovia com sentido a São Paulo e, somente quando teve a certeza de que estava tudo tranquilo, disse:

— Meninas, podem sair. O caminho está livre. Nós não fomos seguidas.

Beatriz e Francisca estavam molhadas de suor. Mesmo deixando o ar-condicionado ligado no máximo, não foi possível evitar o calor que sentiram. Era verão, e a noite estava quente.

— Mamãe, pare a van no acostamento. Vou dirigir. A senhora deve estar cansada.

— Nada disso! Estou muito agitada esta noite para conseguir dormir tranquila no banco traseiro. Vou dirigir até São Paulo, e depois você leva a van no resto do caminho. Aproveitem para dormir um pouco, pois será uma longa viagem. Até eu desconheço o nosso destino dentro do estado de São Paulo. Onde fica esse orfanato, Bia?

— Fica em uma cidade chamada Bastos, no oeste paulista. Temos uma longa distância para percorrer.

— Nosso chalé fica no Mato Grosso. Pelo menos não sairemos muito de nosso caminho até o chalé — comentou Maria.

Francisca e Beatriz acabaram pegando no sono, e Maria seguiu tranquila ao volante. Ela cantarolava as canções que tocavam no rádio, sem exaltar a voz para não acordar as duas passageiras de seu veículo escolar.

O céu estava sem nuvens naquela noite. A lua clareava as montanhas e os vales. O prateado do luar levava os pensamentos de Maria de volta ao passado. Ela recordava os momentos agradáveis que vivera no chalé ao lado do pai de Francisca. Como em qualquer casamento, o casal também enfrentou altos e baixos na relação. Maria aprendera muito com as experiências que viveu e hoje se negava a trazer à tona as lembranças desagradáveis. Ela não permitia que sua mente fosse tomada por pensamentos negativos, mas não foi fácil chegar a esse ponto de dominá-los. Foi preciso praticar meditação e manter-se atenta aos gatilhos que levavam à dramatização do passado. Ela tinha a percepção exata de que seu modo de pensar a levara a fazer escolhas mais assertivas em sua vida e, como consequência, ter boas experiências em sua jornada.

Maria seguiu viagem até São Paulo, curtindo as músicas que tocavam no rádio e as boas lembranças de seu marido já desencarnado, Francisco. Muitas vezes, ela sentia a presença dele ao seu lado. Sentia seu carinho e o aconchego, que traziam respostas às suas perguntas mais urgentes.

Mentalmente, Maria perguntou ao seu amado: "A criança corre perigo?". A resposta veio em forma de pensamento, o que às vezes a confundia, pois ela não tinha certeza se fora sua mente respondendo ou se fora Francisco intervindo em sua mente. Ela prestou atenção a esse pensamento: "A criança tem proteção, mas a mãe é um polo atrativo para forças negativas, pois seu medo é exacerbado. Desse modo, os desafios se tornam cada vez mais difíceis". "Quando o aluno já está pronto para aprender a lição e, contudo, não mostra uma reação favorável, ele será cada vez mais cobrado até mostrar que tem condições de agir positivamente às questões apresentadas".

Maria, depois de sentir a presença espiritual de Francisco, teve a certeza de que estava correta em sua análise do caso. Ao pensar em Teodoro, ela sentiu algo desagradável no estômago. Ali estava a prova de que ele não estava bem intencionado em procurar Beatriz. Maria estava ciente de que os dois precisavam de ajuda.

Ela respirou profundamente e, buscando o equilíbrio energético de volta e a ajuda para aquele caso, fez uma prece para os espíritos superiores.

A presença do espírito de Francisco deixava Maria feliz. Era naquela presença que ela extravasava sua felicidade. O sentimento de amor entre eles era profundo e não dava espaço para sentimentos tristes ou lamentações pela distância em que se encontravam. Maria sentia-se mais lúcida, e nada mais tinha grande importância na presença energética de seu amado. Ela sentia-se completa e atingia um nível de evolução a que muitos almejavam.

Maria precisou parar o veículo no primeiro posto de gasolina que encontrou. Ela desceu da van, sem conseguir recordar-se de como chegara tão rápido a São Paulo. Grande parte do trajeto desaparecera de sua mente. Amanhecia, e o sol tornava o horizonte alaranjado. Maria deu a volta no carro e abriu a porta lateral, acordando a filha e Beatriz.

— Meninas, acordem! Estamos em São Paulo. Vamos tomar o café da manhã na lanchonete deste posto de gasolina.

As duas despertaram sonolentas e confusas, e Beatriz perguntou:

— Onde estamos?

— Estamos mais próximas de sua filha! Entramos no estado de São Paulo — respondeu Maria.

— Mamãe, a senhora deve ter acelerado muito para chegar aqui tão rápido!

— Seu pai nos trouxe em segurança. Não me recordo de ter pisado fundo no acelerador.

— Já compreendi... A senhora pediu ajuda de papai e cá estamos. Mamãe, quantas vezes tenho que lhe dizer que não devemos pedir nada às pessoas que desencarnaram?

— Eu não peço nada a ele. Peço, sim, aos espíritos superiores. Mas você sabe como me sinto na presença de seu pai. Fico completamente feliz! E aqui estamos em segurança e famintas.

— Francisca, você me disse que seu pai já é falecido! Vocês falam com os mortos?! Tenho pavor desse assunto! — disse Beatriz, levando a mão até o meio da testa e fazendo o sinal da cruz.

— Tolinha! Os mortos jamais responderiam, pois estão mortos. Eu tenho sensibilidade extrafísica, o que permite me comunicar com os espíritos que vivem em outra dimensão — respondeu Maria, e Francisca completou:

— A morte não passa de uma grande ilusão, Beatriz. As pessoas que desencarnam seguem para a vida verdadeira. O espírito é imortal. Mamãe tem um dom maravilhoso, que lhe permite a comunicação entre as dimensões. A mente dela é como o HD de um computador, que registra informações da dimensão espiritual.

— A senhora não tem medo do que escuta? Quando minha mãe morreu e eu fui visitar minha irmã Elizabete, tivemos medo de ficarmos sozinhas na casa, pois parecia que minha mãe ainda estava lá. Foi horrível. Bete e eu vendemos a casa, e hoje ela mora sozinha no centro de São Paulo em um apartamento confortável.

— Não tenho medo! Como posso temer o que eu sou?! Passei por um grande aprendizado até chegar a esse nível de desenvolvimento de sensibilidade extrafísica. Sei que Francisco está sempre ao meu lado. Ele é o meu porto seguro, meu grande amor.

— Francisco é seu grande amor? Mas se ele está morto...

— Você tem muito para aprender, Beatriz. A jornada é longa e é preciso dedicação para seguir esse caminho de evolução espiritual. Você sabia que nós somos espíritos colhendo aprendizados na Terra? Não somos apenas seres carnais! Somos maiores que isso. Somos seres extradimensionais — afirmou Francisca.

Beatriz esboçou um sorrisinho tímido, demonstrando que não estava compreendendo o que a amiga dizia. Maria, então, interveio:

— Deixemos esse assunto para outra hora. Estou faminta e sinto o cheiro de café fresquinho vindo da lanchonete.

— Mamãe tem razão! Esse cheiro abriu meu apetite. Continuaremos esse assunto em outro momento, Beatriz. Não fique com essa incredulidade estampada no rosto. Você terá as provas de que necessita para seguir em seu aprendizado, se assim desejar.

Beatriz baixou a cabeça, percebendo que não era de bom-tom reagir daquela forma grosseira com as pessoas que estavam ajudando-a no momento de grande agonia que sentia. Ela disse:

— Perdoem-me minha ignorância. Eu realmente não sei nada a respeito desse assunto. Tudo o que aprendi na religião na qual fui criada foi ter preconceito com as pessoas que se comunicavam com os mortos... Desculpem-me.... os desencarnados.

As três entraram na lanchonete e seguiram para o toalete. Logo em seguida, ocuparam uma mesa próxima à janela para observarem quem entrava e saía do lugar. Beatriz estava preocupada, imaginando se estava sendo seguida pelos homens de Teodoro. Seus olhos buscavam nas pessoas qualquer detalhe que a remetesse aos motoqueiros que estavam vigiando o hotel.

Ela ficou muito nervosa quando um grupo de dez motoqueiros parou no posto e entrou na lanchonete.

Beatriz puxou o boné do rapaz que estava na mesa ao lado e tentou esconder-se. Ela enfiou o boné na cabeça, cobriu o rosto e encolheu-se na cadeira. O rapaz ficou assustado, virou-se para elas e disse:

— Devolva meu boné! Você não pode fazer isso, moça.

Ele estava a ponto de reagir e tirar o boné da cabeça de Beatriz, mas percebeu que a moça tremia e soluçava baixinho. Foi Maria quem pediu desculpas ao rapaz:

— Você pode nos perdoar? Ela está muito nervosa. Seu boné será devolvido em alguns segundos.

Maria segurou a mão de Beatriz entre as suas e disse passando tranquilidade na voz:

— Esse grupo de motoqueiros que entrou aqui não está nos seguindo. Eles vieram do lado oposto da estrada. Acalme-se. Seque as lágrimas, alinhe-se na cadeira e devolva o boné para o rapaz. Tome seu café, pois isso a deixará melhor. Está tudo sob controle. Confie.

Beatriz reagiu positivamente ao carinho e à confiança que recebeu de Maria, obedecendo passivamente aos pedidos da mãe de Francisca. O boné foi devolvido com um pedido de desculpas. Depois de tomarem o café da manhã, elas seguiram viagem.

CAPÍTULO 5

Francisca assumiu a direção do veículo, e Beatriz ocupou o banco ao lado da amiga. Maria, por sua vez, ajeitou-se nos bancos do fundo da van e rapidamente caiu no sono.

Ela deixou o corpo físico e viajou com seu corpo astral até a dimensão em que Francisco estava. O encontro entre os dois era sempre exaltado pelo amor que os unia. Na presença de seu amado, Maria remoçou a aparência e abriu um lindo sorriso. Francisco, então, aconchegou sua amada em seus braços e brincou com ela dizendo:

— Novamente se metendo em confusões!

— Meu sobrenome é confusão, meu amor! Você sabe que não gosto de ficar na mesmice. Prefiro o agito de uma aventura para colaborar com a solução do problema. E, pelo que estudamos sobre o caso de Beatriz, Teodoro e de Eva, a desavença vem do passado. Eles não se recordam por que chegaram a esse ponto de desencantamento um com o outro.

— Infelizmente, Teodoro continua insistindo em resolver seus problemas com a violência. Antes de reencarnar, ele prometeu que faria diferente desta vez.

— Amor, o Teodoro que estava no astral aprendeu muito com você, o seu professor. O Teodoro encarnado, no entanto, se esqueceu de tudo o que aprendeu e seguiu seu caminho extrapolando o poder que o dinheiro permite.

— Não sabe o quanto eu o alertei sobre voltar a ter posses nesta experiência terrena. Disse a ele que deveria esperar mais duas encarnações para novamente dispor de poder financeiro. Você sabe o quanto as pessoas mudam quando têm esse poder nas mãos.

— Eu sei que não estava ao seu alcance impedi-lo de seguir por esse caminho. Os espíritos superiores, que organizam os desafios que precisamos enfrentar nas encarnações, deram a ele três opções em seu processo de aprendizado. Quando estudei o caso, também tive a impressão de que Teodoro deveria escolher outro caminho em sua jornada evolutiva. Nós sabemos o quanto ele errou quando teve posses e poder nas mãos.

— O que Teodoro não aceitou foi passar novamente por dificuldades terrenas, mas quem sou eu para ir contra o que ficou combinado entre ele e a equipe dos espíritos sábios? — disse Francisco.

— Já que não podemos modificar o karma de ninguém, podemos ao menos ajudar um pouco nesse caso. Sabia que encontrei em Beatriz a insegurança ainda mais forte desta vez? Imaginei que ela estaria mais forte nesta experiência.

— Beatriz tem medo de Teodoro. Enquanto não perder esse medo, nada mudará entre eles. Os dois continuarão como gato e rato. Vamos mudar de assunto. Sabe por que a chamei até aqui?

— Não, mas, pelo seu olhar, desconfio. Quer falar de nossa amada Francisca? — perguntou Maria.

— Notou como ela aceitou estender a mão à amiga rapidamente!

— Estou muito orgulhosa de nossa filha. Francisca não pensou duas vezes em ajudar Beatriz. Isso quer dizer que o laço negativo entre elas foi dissolvido?

— Essa experiência desafiadora entre elas está sendo proveitosa. Quanto a dissolver o laço negativo, ainda é cedo para saber. Sinto, no entanto, que nossa menina tem um grande potencial em transmutar a energia densa em energia pura e cristalina.

— Ah! Que bom seria se Teodoro também estivesse nesse patamar em sua evolução. Entre todos os envolvidos no caso, é ele quem mais precisa de orientação.

— Eu sei que meu trabalho é árduo e não cabe julgamento, minha amada. Vamos dar uma olhada em como Teodoro reagiu ao descobrir que Beatriz havia escapado novamente de suas mãos.

— O colaborador de Teodoro já entregou a caixinha de música para ele?

— Ainda não. Coloquei alguns obstáculos em seu percurso para dar tempo de Beatriz tirar Eva do orfanato.

Maria sorriu quando ficou atenta à mente de seu amado. Ela percebeu a forma como ele deteve o rapaz, atrasando-o para seu compromisso com o chefe Teodoro. E ela disse:

— Dor de barriga?! Você já foi mais criativo, Francisco.

— Não queria prejudicá-lo de uma forma mais drástica. Um pouco de soro na veia o segurou por algumas horas entre o leito e o banheiro. Mas, amanhã, a caixinha estará nas mãos de Teodoro. É melhor vocês se apressarem. Ele precisa descobrir que tem uma filha.

— Estamos correndo para tirar Eva do orfanato, mas tenho uma dúvida. Será que permitirão que ela siga com a mãe?

— Não se preocupe com isso. Tudo dará certo. Você terá que elaborar um plano rapidamente, e eu estarei ao seu lado para colaborar.

— Espero que tudo corra bem. Não quero que Teodoro fira a criança.

— Seria desastroso se ele tirasse Eva do orfanato primeiro que Beatriz, mas isso não ocorrerá enquanto eu estiver à frente desse caso — disse Francisco, demonstrando confiança em suas palavras.

— Estou muito orgulhosa de estar ao seu lado nesta missão. Eu sabia que você não abandonaria quem amou.

— Nunca vou deixá-la, minha amada! Nunca! Mesmo que você me mande embora e não deseje mais minha presença em sua vida... Mesmo assim, eu estarei lá, incógnito, mas presente. Eu a amo, minha doce Maria.

— Também o amo, mas não se atreva a ficar escondido, se acaso discutirmos. Venha e me enfrente, pois, assim, poderemos chegar a um acordo, meu fantasminha espertinho.

— Eu sou seu fantasma favorito — brincou Francisco.

— Convencido! Mas é verdade. Você é o meu favorito entre todos os outros que conheço.

De repente, Maria parou com a brincadeira e disse:

— Tenho de voltar para meu corpo físico. As meninas precisam da minha presença. O dever me chama.

Os dois trocaram um beijo repleto de amor, e Maria despertou no banco de trás da van. Ela notou que Francisca estava parada em uma *blitz*.

O guarda rodoviário desejava vasculhar a van em busca de drogas. Havia uma denúncia de tráfico de drogas naquela rodovia em um veículo idêntico ao delas. Maria sabia que essa revista no veículo atrasaria muito o resgate de Eva.

Ela sintonizou novamente com Francisco e pediu ajuda mentalmente. Pouco depois, o guarda rodoviário recebeu um chamado urgente pelo rádio, e a voz do outro lado informava que haviam interceptado a van branca que carregava drogas ilícitas.

Imediatamente, o guarda liberou Francisca para prosseguir com a viagem. Beatriz estava com os olhos repletos de lágrimas, que desabaram como uma cachoeira quando Francisca deu a partida no carro e saiu do acostamento. Maria desatou o cinto de segurança e foi até ela, abraçando-a por detrás do banco e dizendo:

— Não fique nesse estado. Está tudo bem. Nós temos amigos espirituais ao nosso lado. Coloque uma coisa em sua mente, Beatriz: o bem sempre vence. Teodoro ainda não sabe da existência de Eva.

Beatriz sentiu-se mais segura e limpou as lágrimas. Ela olhou para Maria e perguntou:

— Como a senhora sabe que ele ainda não abriu a caixinha?

— Um amigo me contou.

— Que amigo poderia ter essa afirmação? A senhora conhece Teodoro e seus homens?

Francisca sorriu e disse:

— Mamãe não conhece seu ex-marido, Bia. Tranquilize-se quanto a isso. Tenho certeza de que foi meu pai quem passou essa informação para ela. Não é verdade, dona Maria?

— Foi ele mesmo. Nós estávamos juntos, enquanto meu corpo descansava. Francisco me disse que deu um jeito de atrasar o rapaz que está com a caixinha de música.

— Tenho certeza de que ele realmente fez isso. Não tenha medo, Bia. Meu pai foi um grande homem enquanto esteve encarnado. Hoje, ele ocupa um patamar evolutivo considerável.

— Não compreendo... O que estão dizendo?! Seu pai está morto! Os mortos não conseguem intervir em nada mais.

— Está enganada, Bia. A intercessão dos espíritos é muito mais comum do que você imagina. É muito bom quando essa intervenção vem dos espíritos mais evoluídos, pois a ajuda é muito eficaz. No entanto, quando a intervenção vem de espíritos ignorantes e debochados, tudo se complica.

— Quer dizer que isso é possível? Os espíritos podem intervir na vida da gente?!

— Isso é mais comum do que parece. Eu diria que isso ocorre o tempo todo na vida de todos os encarnados. Quando chegamos aqui para iniciarmos nossa experiência terrena, deixamos amigos do outro lado. Esses amigos prometeram nos ajudar quando precisarmos e, assim, eles fazem tudo para nosso melhor. Quantas vezes nos esquecemos do que viemos aprender aqui? — explicou Maria.

— Quer dizer que a senhora tem a ajuda de seu falecido marido quando precisa?! E ele não a atrapalha em suas decisões?

— Não, de forma alguma. Eu tenho meu livre-arbítrio. As escolhas são minhas, mas posso ouvir o que ele tem a dizer sobre o problema que estou enfrentando.

Eu diria que são conselhos sábios que recebo dos amigos espirituais. Quanto à intervenção para ajudar neste caso, em que ficaríamos paradas na estrada e perderíamos muito tempo enquanto sua filha corre risco, ela foi providencial. Pode ter certeza de que não estamos sozinhas neste resgate, Beatriz.

— Fico arrepiada só em pensar que espíritos estão nos observando. É estranho se sentir vigiada, e eu posso afirmar que ser vigiada é terrível. Teodoro acompanhava meus passos o tempo todo. Quando eu andava por nossa casa, percebia o olhar dos empregados tentando descobrir o que eu estava fazendo. Era horrível! Me sentia uma prisioneira. Tive uma vida infernal ao lado daquele homem!

— Mas, pelo que sei, você tinha tudo. Ele tem muitas posses.

— Dinheiro nunca foi problema para ele. Realmente, eu tinha de tudo, mas não era feliz. Era vigiada e passava meus dias trancafiada naquela casa. Talvez se Teodoro fosse um homem pobre, poderíamos ter sido felizes juntos. O poder financeiro transforma as pessoas, Fran. Eu era uma mulher rica e muito triste! Amava muito meu marido, mas o ciúme dele acabou com minha vida e com a vida de nossa filha.

Maria retornou para sua cama improvisada, cobriu os olhos com uma blusa e dormiu. Dessa vez, Francisco não foi ao seu encontro durante o sono. Então, ela deixou o corpo físico e foi à procura de Eva no orfanato.

Maria estava diante de um portão alto, pintado de azul-claro. As grades que circundavam o pátio eram caiadas da mesma cor, e um gramado vasto e verde estendia-se até uma casa. Tratava-se de uma construção antiga do início do século passado. Ela entrou na casa e foi ao encontro de Eva, que estava dormindo e tendo um sonho desagradável. Maria tentou tirá-la do pesadelo, contudo, seus chamados não foram captados pela menina. Maria, então, concentrou-se nas imagens que Eva absorvia no sonho.

A menina estava sentada com as amiguinhas na frente da casa, formando um círculo no gramado. Pessoas passavam pela calçada, contudo, não notavam as crianças chorosas que estavam sentadas ali no orfanato. Não havia um só rostinho feliz naquele grupo de meninas. Maria tentou ser notada no sonho de Eva, pois sabia que aquele grupo de amigas estava em uma viagem astral semiconsciente. Ela desejava consolar as crianças, alertando-as de que a tristeza as prejudicaria e não resolveria seus problemas ou o sentimento de abandono que as uniam. Maria, então, sacudiu o portão na tentativa de tirá-las da tristeza que se abatia sobre elas. Ela notou uma nuvem pesada e cinza que descia sobre as meninas no gramado. Ela gritou para ser ouvida pela garotinha:

— Eva, acorde, reaja! Nós estamos chegando. Desperte, Eva! Você não está sozinha.

Maria percebeu que vultos saíam por detrás de uma árvore e vinham em sua direção. Nesse instante, ela despertou assustada e disse em voz alta:

— Eva, corra!

— O que está acontecendo, mamãe? A senhora está bem?

Maria secou o suor que escorria por seu rosto e respirou profundamente para afastar a energia densa e escura que tentava se apossar de sua mente. Ela, por fim, respondeu:

— Eu estava tendo um sonho desagradável.

— A senhora gritou o nome de minha filha! Eu ouvi. Disse: "Eva, corra!".

— Eu já disse que foi um sonho ruim. Eva está bem. Quero que pratique um exercício para ajudar sua filha. Mentalize a pequena feliz e sorrindo, com muita luz do sol à sua volta. Por favor, faça isso.

— Mamãe, descanse um pouco mais. Em breve, chegaremos ao nosso destino: Bastos. Vamos fazer o que pede, fique tranquila.

Francisca ficou assustada ao olhar pelo retrovisor e notar a palidez de Maria. Ela sabia que a sensibilidade da mãe captara algo desagradável ao lado de Eva. Pela reação de Maria, alguma coisa estava errada.

Maria chamou por Francisco, pedindo-lhe ajuda, e teve a resposta por meio de sua mente. Ele disse:

— As sombras densas que você avistou sobre a menina foram emanações energéticas da fúria de Teodoro. Ele descobriu que existe uma criança na vida de Beatriz e deduziu que Eva é filha de Arthur. Você fez bem em pedir para a mãe intervir, emanando energia positiva para a filha. Você sabe que pedido de mãe tem poder. Faça o mesmo e tente, assim, neutralizar o mal com o bem. Energia não tem fronteira.

— Compreendi. Obrigada pela ajuda, meu amado.

Essa frase saiu dos lábios de Maria em um tom de voz mediano. Beatriz ouviu e perguntou à amiga ao seu lado:

— Ela está bem?

— Mamãe está em oração, e sugiro você faça o mesmo. Em alguns minutos, estaremos no orfanato. Sabe o que vai dizer para a diretora do local?

— Sim. Que levarei Eva para viver comigo.

Francisca estacionou a van e disse assustada:

— Não pode fazer isso! Teremos que tirar a menina do orfanato de forma clandestina ou precisaremos da autorização de um juiz. E esse processo pode levar até meses. Precisamos pensar em um plano eficiente.

CAPÍTULO 6

Depois de rodarem por mais de quinze horas, elas entraram na cidade de Bastos e finalmente encontraram uma forma para tirar Eva do orfanato. Francisca estacionou a van na rua lateral ao orfanato e perguntou:

— Você compreendeu bem o nosso plano, Bia?

— Acho que é arriscado, mas temos que seguir em frente com isso. Não temos tempo a perder. Acredito que Teodoro aparecerá aqui a qualquer momento.

— Não se esqueça de ser positiva. Vá até lá e traga Eva com você. Use o elemento-surpresa. Entrarei agora e tentarei distrair os empregados, enquanto mamãe conversa com a diretora.

Maria ajeitou os cabelos com uma escova e depois deslizou o batom nos lábios. Abriu a porta da van e seguiu em direção ao portão do orfanato. Estava um tanto surpresa por rever ali o cenário de seu sonho. As grades estavam pintadas de azul-claro, assim como o portão. O gramado estava mais verde, e ela notou algumas flores que não havia visto em sua viagem astral consciente. Algumas crianças brincavam no gramado. Em um canto próximo à casa estava Eva. Maria reconheceu o mesmo rostinho de seu sonho. A menina estava sentada em um banco com uma boneca sem cabelos nas mãos. Seus olhos não fixavam a boneca, eles fixavam o chão. Eva parecia estar deprimida. Maria sentiu vontade de chamar por ela para tirá-la daquela tristeza, mas se conteve.

O portão foi aberto por uma das funcionárias, que perguntou:

— O que deseja, senhora?

— Sou da Secretaria da Educação e gostaria de conversar com a diretora do orfanato. Preciso saber por que negligenciaram o aprendizado das crianças.

— A senhora deve estar enganada, pois trabalhamos direitinho! As crianças frequentam a escola.

— Leve-me até a presença da diretora. Não tenho tempo para ouvir suas desculpas.

Maria entrou com o rosto sisudo, demonstrando irritação. Francisca desceu da van e tocou a campainha do orfanato. A mesma funcionária abriu o portão e parecia estar nervosa. Francisca disse:

— Sou assistente da diretoria da Secretaria de Educação. Estou aqui para fazer uma inspeção no local. Por favor, senhora, me acompanhe.

— Sim, senhora, mas primeiro tenho que chamar a cozinheira para cuidar das crianças, pois elas estão brincando aqui fora.

— Não tenho tempo para isso. Vamos entrando, e depois a senhora chama quem desejar.

— Não posso deixar as crianças sozinhas.

— Então, as leve para dentro.

Silvana chamou as crianças, que se reuniram a contragosto ao redor dela e depois seguiram fazendo algazarra. Francisca reconheceu Eva pela foto que Beatriz lhe mostrara. Todas as crianças passaram pela porta de entrada, ficando somente Eva e Francisca, que fingiu ajeitar as sandálias, abaixou-se e disse a Eva:

— Olha quem está lá no portão.

Ao virar o rostinho, Eva reconheceu a mãe e, em um impulso espontâneo, correu em direção a ela. Beatriz puxou o trinco, e o portão se abriu, pois Silvana, com o auxílio de Francisco, se esquecera de fechá-lo. Eva abraçou a mãe, e Beatriz rapidamente a colocou dentro da van dizendo:

— Nós vamos fazer uma viagem para um lugar bem distante deste orfanato. Eu não disse que um dia viria buscá-la? Esse dia chegou, minha amadinha.

— Não voltarei mais para o orfanato, mamãe?

— Se tudo der certo, nunca mais ficaremos separadas. Quer viver com a mamãe?

— Eu sempre quis ficar ao seu lado, mamãe, mas posso me despedir de meus amiguinhos?

— Infelizmente, não será possível, querida. Aquelas mulheres que entraram no orfanato retornarão em segundos e nós partiremos. Precisamos nos esconder aqui embaixo desse cobertor.

Maria e Francisca saíram do orfanato depois de deixarem as funcionárias da instituição confusas e nervosas. Elas não entraram na van; preferiram seguir a rua caminhando lentamente para não levantarem suspeitas. As duas deram a volta no quarteirão e, quando chegaram novamente no grande gradil azul-claro, apressaram-se para entrar no veículo, certificando-se de que não havia ninguém do lado de fora do orfanato.

Maria deu partida e seguiu subindo a rua lentamente. Ela agradeceu:

— Obrigada pela ajuda, espíritos benevolentes! Muito obrigada. Nos protejam até o final desta missão.

— Mamãe, nós conseguimos! Tenho certeza de que as funcionárias não deram falta de Eva ainda. Eu as deixei nervosas para que não notassem que uma das crianças não estava presente. Quando Silvana entrou na casa com as crianças, ela rapidamente as mandou para o quarto e pediu que não tirassem nada do lugar. Não cheguei a inspecionar os dormitórios. Preferi ficar na cozinha e na sala de recreação. Coloquei tantos obstáculos para passarem na inspeção que até agora devem estar confusas.

— A diretora também ficou nervosa quando falei das notas baixas no boletim das crianças. Cobrei mais desempenho da parte dela.

— Vocês foram maravilhosas! Não sei como agradecer por me ajudarem a estar com minha amada Eva.

— Como ela está? — perguntou Francisca.

— Estou bem — respondeu Eva. — Eu queria me despedir das minhas amiguinhas, mas minha mãe não deixou.

— Foi para o seu bem. Não fique triste, filha. Nós vamos ficar juntas para sempre, eu prometo — disse Beatriz, abraçando e cobrindo a garotinha de beijos, o que fez Eva dar gargalhadas e encher o veículo de energia salutar.

Maria entrou na rodovia novamente, agora com o coração mais tranquilo. Elas rodaram por muitos quilômetros, parando somente para almoçar em um restaurante à beira da estrada. Abasteceram o veículo com guloseimas e lanches para o jantar, pois assim não precisariam parar. Maria e Francisca se revezavam ao volante e, quando a noite caiu, deixaram o estado de São Paulo e entraram em Minas Gerais, seguindo assim até amanhecer em direção a Cuiabá, no Mato Grosso.

Maria estacionou a van em um posto de combustível para abastecer o veículo, e depois o grupo foi para o restaurante. Elas entraram no banheiro, e Beatriz lavou o rostinho de Eva.

— O que deseja comer, filha? — perguntou Beatriz. — Você deve estar faminta!

— Estou com muita fome. Quero tomar um copo de leite e comer um pão com manteiga.

— Era isso o que você comia de manhã no orfanato?

— Sim. A tia Silvana colocava os pães no forno, e eles ficavam crocantes e quentinhos. A manteiga derretia.

Francisca pegou Eva nos braços e disse rodopiando a menina:

— Saindo um pão quentinho do forno para essa menininha faminta.

Beatriz aproveitou para dar um abraço carinhoso de agradecimento em Maria e disse:

— O que a senhora fez por nós não tem preço. Não sei como vou retribuir seu gesto. Obrigada, mil vezes obrigada. Não sei o que Teodoro seria capaz de fazer se tivesse levado Eva.

— O que será que um homem quando está furioso é capaz de fazer...?!

— Quando se enfurece, Teodoro se torna um monstro cruel! Tenho certeza de que não pensaria duas vezes antes de dar fim à vida de minha filha.

— Espero que esteja errada. Ele deve ter melhorado, evoluído um pouco desde a última encarnação.

— Quando conheci Teodoro, ele me pareceu tão gentil e amável. Eu tinha certeza de que ele seria incapaz de fazer mal a uma mosca, mas, com a convivência, fui surpreendida por um estranho que sentia ciúmes até da minha sombra. Ele mostrou ser um homem duro e cruel.

— E quando as crises de ciúmes começaram?

— Foi na noite de núpcias. Na recepção do nosso casamento, um jovem cumprimentou-nos educadamente, e foi aí que Teodoro mostrou ser um homem muito ciumento. Ele afirmou que notou paixão nos olhos do rapaz.

As duas chegaram à mesa em que Francisca e Eva já estavam acomodadas, e a conversa encerrou-se ali.

Maria sentia que havia algo a mais naquela história. Por que Teodoro pensaria que Eva era filha de Arthur, como Beatriz afirmara na cozinha de seu apartamento? Precisava estar ciente de todos os fatos ocorridos no passado dos três, pois desejava ajudá-los a solucionar essa desunião que não fazia bem aos envolvidos.

Depois do café da manhã, elas saíram do posto de gasolina, dirigiram até a cidade mais próxima e a encontraram ainda muito silenciosa. Àquela hora da manhã, apenas a van circulava pelas ruas charmosas e tranquilas daquela cidadezinha no interior de Minas Gerais. Elas buscavam uma loja que vendesse roupas infantis, mas o comércio ainda estava fechado e não havia ninguém na rua. Foi um susto quando Francisca entrou em uma das ruas e se deparou com um animal selvagem saindo da cidade e entrando na mata que circundava o local. Ela disse:

— Vejam! É uma onça passando ali!

— Fran, vamos embora daqui. Estou com medo! — pediu Beatriz.

— Acalme-se. O animal está praticamente em seu habitat. Nós estamos longe das grandes cidades.

— Fran, eu vi há alguns minutos uma placa na estrada, que mostrava o caminho para um *shopping center* na cidade de Paranaíba. Podemos seguir até lá e fazer as compras de que precisamos.

Maria estava dormindo no último banco da van, quando despertou ao ouvir um som estranho vindo do teto do veículo. Parecia que alguém estava pulando no automóvel. Ela perguntou assustada:

— O que está acontecendo?! Quem está pulando no teto?

Francisca abriu a porta, olhou por cima da van e assustou-se ao ver que havia dois macaquinhos brincando ali. Ela disse:

— Temos visitas! Dois macacos estão brincando no teto. Venha ver, Eva.

— Não é perigoso, Fran?

— Não, eles são pequenos e engraçadinhos. Sobrou banana na cesta que trouxemos?

Beatriz entregou uma banana para Eva colocar no teto. A menina sorriu quando um deles se aproximou e pegou a banana de sua mão. Elas ficaram observando os animaizinhos descascarem a fruta e se alimentarem e, quando olharam para o alto de uma árvore, notaram que haviam mais deles. Eva ficou encantada. Beatriz colocou mais algumas bananas no teto da van, e os macaquinhos, depois de pegá-las, se foram junto com o bando que sumiu na mata.

Elas, então, seguiram viagem retornando para a estrada.

CAPÍTULO 7

Depois de rodarem por 446 quilômetros de Bastos até Paranaíba, em Minas Gerais, Francisca seguiu as placas que indicavam o caminho do *shopping center*. Eva ficou maravilhada com a beleza do lugar. Tudo era novidade para ela, que nunca havia entrado em um *shopping center*.

Beatriz deixou a filha escolher algumas peças de seu novo guarda-roupas. A menina ficou com os olhinhos marejados quando entrou no provador e pôs um vestidinho com estampa floral, que a deixou ainda mais encantadora.

— Posso levar esse vestido, mamãe?

— Você está muito bonita nesse vestido, meu amor. É seu. Prove essa blusa azul. Veja se gosta dela.

— Quantas roupas! Eu só preciso de um vestido, um pijama e calcinhas. Não preciso de mais nada, mamãe.

— Meu amor, você precisa de vários vestidos, muitos shorts, camisetinhas e também calças, meias, sandálias, perfumes e...

— Dessa forma, você deixará a menina mimada! — Francisca brincou com as duas, enquanto entrava no provador com as mãos repletas de roupas para a garotinha. — Escolhi algumas peças para você, Eva.

— E eu que vou deixá-la mimada, Fran!?

Nesse momento, Maria entrou no provador trazendo casacos e calças jeans.

— Prove esses, Eva. Algumas noites são frias na Chapada dos Guimarães.

As três sorriram, e Maria não compreendeu a piada. Francisca comentou:

— Qual de nós deixará Eva mais mimada?

— Ela tem razão. Nós vamos acabar estragando a menina. Prove todas as roupas, e vamos almoçar em um restaurante na praça de alimentação.

— Não é cedo para o almoçarmos, mamãe?

— Quero seguir viagem o quanto antes, filha. Não quero chegar à Chapada dos Guimarães tarde da noite. Não sabemos como vamos encontrar o sítio.

— Ela tem razão, Fran. Se na cidade que paramos anteriormente avistamos uma onça, o que encontraremos no sítio? E se ele estiver coberto pelo mato?!

— Nós chegaremos ao sítio à noite, mesmo se saíssemos correndo neste momento. São treze horas e vinte e seis minutos para chegar até Cuiabá, sem contarmos as paradas para nossas refeições. De manhã, teremos muitas horas de viagem pela frente.

— Não seria melhor esperarmos amanhecer para entrarmos no sítio? Penso que será mais seguro, não é mesmo, Fran?

— Não se preocupe, Bia. Você não precisa sofrer antes do tempo por uma situação que ainda não temos que enfrentar. Tudo dará certo, relaxe.

— Você tem razão. Eu estou antecipando o sofrimento. Não ocorreu nada até este momento e ainda estamos bem distantes do sítio. Vou tentar me disciplinar para sofrer menos. — Beatriz respirou fundo e mudou o assunto dizendo para a filha: — Eva, termine de provar as roupinhas e vamos almoçar. O que deseja comer, querida?

— Eu quero arroz, feijão, batata com salsicha e salada de tomate com alface. Se tiver uma cenourinha... eu adoro.

— Você gosta de macarrão à bolonhesa e uma bela carne assada? — perguntou Francisca.

— Eu gosto! É uma festa, tia Fran?

— Não é, mas podemos fazer uma festa deliciosa. Que tal tomar de sobremesa um delicioso sorvete na taça?

— Sorvete na taça?! Eu quero!

— Então, vamos lá, princesa. Serei sua carruagem.

Francisca pegou Eva em seus braços e saiu do provador dizendo para as duas que ficaram:

— Peguem todas essas roupas e se dirijam ao caixa. Eu pagarei essa conta. Mamãe, passe meu cartão.

— Não, Fran. Eu pago a conta com meu cartão — protestou Beatriz.

— Nada disso! Ficaram doidas?! Teodoro pode rastrear o cartão de Beatriz. E quanto ao seu, filha, penso que não seria seguro usá-lo. Afinal, você pediu férias de seu emprego para ajudar sua amiga, e não será difícil descobrir onde anda passando o cartão de crédito. Vou até o caixa rápido, retiro o dinheiro e pagamos a conta.

— A senhora pensa em tudo! Eu já teria deixado muitas pistas para aquele homem sem escrúpulo nos seguir.

— É melhor terem cuidado, meninas. Não paguem a conta do restaurante com o cartão. Beatriz, leve as roupas para o caixa. Eu a encontrarei lá o mais rápido que puder. Fran, vá para o restaurante e faça o pedido para todas nós.

Todas obedeceram aos pedidos de Maria, e, em dez minutos, elas se reuniram no restaurante para almoçarem. Após saborear a sobremesa, Eva foi brincar no parquinho dentro do estabelecimento. Beatriz não tirava os olhos da filha e pouco se alimentou, o que chamou a atenção de Maria. Ela disse:

— Eva está bem, Bia. Veja aquele sorrisinho encantador. Você precisa se alimentar melhor. Nós temos uma longa viagem pela frente. Sei que foi muito difícil para você ficar longe dela! Não sei o que faria se tivesse de ficar distante de Francisca enquanto ela crescia.

— A senhora sabe como é difícil não estar presente. Eu sonhava todas as noites em ficar observando o rostinho de minha filha quando descobria uma coisa nova. Sou tão grata a vocês. Como posso agradecer esse carinho e a atenção que têm nos dedicado?

— Ore por seu inimigo.

— O que disse, Maria?

— Mamãe está lhe receitando um remédio amargo e duro de engolir, mas que cura. Pare de alimentar esse sentimento de ódio por Teodoro, Bia. Limpe seu campo dessa energia densa e pegajosa. Você sabia que pensar gera energia? Nós somos feitos de energia condensada, e o sentimento gera essa força no campo energético que fica à nossa volta. O amor é um sentimento nobre, que gera energia salutar para nosso campo, formando um laço harmonioso com quem amamos. O sentimento de ódio, raiva e ira, contudo, geram energias densas e prejudiciais às pessoas. Uma gosma escura se forma e cola energeticamente vocês dois. É isso que deseja? Ficar colada energeticamente a Teodoro?

— Nunca! Quero que Teodoro desapareça da minha vida e da vida de Eva. Quero distância dele!

— Pois bem, minha amiga. Então, deixe de alimentar essa gosma densa que prejudica vocês dois. Liberte seu ex-marido do seu ódio. Ore por Teodoro e pare de pensar nele. Desse modo, você estará livre.

— O que me pede é impossível! Eu tenho medo e muita repulsa dele. Só em pensar em Teodoro, eu sinto o ar me faltar devido à raiva que sinto. Sabe o que ele fez com Arthur? Eu realmente odeio aquele homem! Como vou orar por ele?! Isso não seria sincero comigo.

— Pode parecer algo muito difícil de fazer com espontaneidade, mas é preciso quebrar esse vínculo pegajoso, Bia, que foi criado por esse sentimento reverso do amor. Tenho certeza de que um dia você já amou Teodoro.

— Quando nos conhecemos, fiquei encantada. Eu o desejava e amava, mas esse foi o maior erro que cometi na vida. O amor que um dia eu senti Teodoro fez questão de transformar em ódio. Um ódio que me sufoca.

— Se quer se libertar desse sentimento que a prejudica, mude de estratégia. Pare de alimentar o ódio e jogue sobre Teodoro amor, pois ele liberta.

— Vocês duas são incríveis! Onde aprenderam o que sabem a respeito da vida?

— Foi preciso estudar um pouco sobre os desafios que as pessoas enfrentam em suas jornadas. Francisco me trouxe muito material para análise. E, de tanto pesquisar, acabei descobrindo como as forças divinas agem em nossas vidas. Não se pega moscas com vinagre, Bia! É melhor usar mel. Ore por Teodoro e busque controlar seus pensamentos hostis contra ele. A respeito de seu ex-marido, você já deixou seu cérebro no automático. Deixe de vibrar ódio; vibre amor. Você deseja vinagre ou mel?

— Torne sua vida doce, minha amiga. Se eu fosse você, usaria mel para adoçar a vida. O amor faz milagres em nossa existência. Ore por ele. Já é um começo.

— Fran, me ensine a fazer isso. Sabe como é difícil me dispor a orar por alguém que só me fez mal.

— Todas nós vamos ajudá-la, mas é você quem tem de realizar o serviço. Não podemos entrar na sua mente e tirar Teodoro de lá. Orar e vigiar! Observe seu pensamento. Quando chegar algo negativo, seja lá o que for, mande embora. Pense em uma bola de sabão e a deixe flutuar, afastando, assim, o pensamento negativo. Veja a bola estourando no ar. Pronto! Limpou seu pensamento e nem se envenenou com a energia negativa. Seja positiva e atraia a luz para sua vida.

— Viver positivamente requer muita dedicação onde você coloca sua atenção. Lembre-se de que seu cérebro é uma esponja, que absorve tudo ao seu redor. É preciso protegê-lo e doutriná-lo. As máquinas eletrônicas, como o computador, precisam estar limpas dos vírus que circulam nas redes com as quais esses aparelhos são conectados. Seu cérebro é como um HD, que grava e absorve tudo o que passa na rede à qual você se liga. Bem como as conversas carregadas de negatividade, como a maledicência, entre outras. Notícias pesadas e desagradáveis poluem seu cérebro, sendo assim, não se conecte com o negativo. Mantenha a mente limpa.

— E como se faz isso?

— É preciso silenciar a mente. Basta meditar um pouquinho cada dia. Essa é a prática que transformará sua vida. A meditação abre caminho para sua intuição, que nada mais é do que sua alma se comunicando com você.

— Quer dizer que poderei ouvir minha alma?

— Não somente a sua! Veja o caso de mamãe. Ela abriu sua sensibilidade extrafísica. Hoje, ela e papai podem conversar naturalmente, mesmo ele estando em uma dimensão e ela em outra, mais densa e muito distante dele.

— Eu realmente abri minha mente depois da meditação diária! Percebi também que me tornei uma pessoa mais lúcida. Consegui modificar minha vida. Hoje, sou feliz. Aos poucos, conquistei a felicidade que sempre almejei.

— Realmente, dá para perceber que a senhora é uma pessoa equilibrada e feliz. Sua presença me deixa bem.

— Você sentiu minha energia e a frequência em que eu vibro. Escolhi ser feliz, e a felicidade é uma conquista individual. Nós temos o poder de escolha em nossas mãos, Bia.

— Acredite, amiga. O que ela diz é verdade. Estou seguindo esse caminho também. Busco na meditação meu equilíbrio e bem-estar. Já fui como você, agitada e nervosa. Hoje, no entanto, sou uma pessoa mais tranquila e calma. O caminho é longo, mas é possível ser feliz, Bia.

— Quero muito encontrar a felicidade, Fran. Por favor, ensine-me a ser feliz.

— Que tal saborear com gosto esse prato de comida que está na sua frente? Sinta o sabor dos alimentos, esteja no aqui e no agora. O passado já foi, e o futuro ainda não chegou. Só temos o aqui e o agora, Bia. Não deixe sua mente fugir do presente. É aqui que podemos deixar as feridas do passado cicatrizarem e modificar o futuro.

As três continuaram conversando por mais alguns minutos antes de saírem do restaurante. Eva estava muito feliz e foi difícil tirá-la da grande piscina de bolinhas que estava abaixo do escorregador. Francisca conseguiu convencê-la, prometendo levá-la para nadar em um rio que ficava no sítio.

As quatro saíram do *shopping center* carregando muitas sacolas, entraram novamente na van e iniciaram a grande jornada até o próximo estado, o Mato Grosso.

CAPÍTULO 8

No caminho, elas pararam algumas vezes para se revezarem na condução do veículo. O tráfego na estrada estava tranquilo, e até Beatriz, que não dirigia veículos pesados como uma van, assumiu o volante por alguns quilômetros. Quando estava perto do cair da noite, elas entraram em uma cidadezinha. Procuraram um mercado, fizeram compras para abastecer o chalé no sítio e não deixaram faltar guloseimas para Eva.

Ao saírem da cidadezinha, rodaram por mais algumas horas. Começaram a sentir fome, e Maria, que estava na direção da van, perguntou:

— Desejam parar para o jantar?

— Eva está dormindo, pois estava muito cansada. Não seria melhor prepararmos um lanche e comermos aqui mesmo?

— Bia tem razão, mamãe. Se pararmos agora, chegaremos ainda mais cansadas ao sítio. Não estou com fome agora, e Eva está dormindo tranquilamente. O dia foi agitado demais para ela, que mal saía do orfanato.

— Sendo assim, seguiremos nosso caminho. Agora não falta muito para chegarmos ao sítio. Fran, prepare aquele lanche para mamãe. Com bastante requeijão no pão francês e duas fatias de queijo com presunto — Maria pediu.

— Quer que eu assuma a direção do veículo, mamãe?

— Você conhece o caminho até o sítio?

— Não recordo mais como chegar lá, mãe. Faz tanto anos que não venho para a Chapada dos Guimarães.

— Na última vez que viemos passar férias aqui, seu pai ainda estava conosco. Ele amava aquele lugar. Você era uma menininha de tranças. Quando ficou adolescente, não quis mais deixar o Rio de Janeiro para passar as férias na Chapada.

— E deixar os amigos na praia e me embrenhar no mato para ser picada por pernilongos, mãe?! Não fui a única adolescente que não gostava de ficar com os pais. Não é, mamãe?

— Verdade. Eu também não gostava de passar minhas férias escolares no sítio do meu avô. Uma vez, fugi do sítio, e foram me encontrar na rodoviária da cidade.

As três riram da forma como Maria se expressava, contando sua travessura na adolescência.

Elas saborearam o lanche e descansaram relaxadas nos bancos da van. Três horas depois, Maria avisou:

— Vamos sair da estrada e entrar em uma estradinha de terra batida. São quarenta quilômetros de sacolejo.

— Sacolejar não era bem o que eu desejava neste momento. Se tivesse avisado, eu não teria comido.

— Desculpe, Fran. Acabei me esquecendo desse trecho do caminho, mas espero que esteja melhor do que na última vez em que passamos por aqui. O carro acabou atolando ao atravessar o riozinho que cruza a estradinha.

— Não tem uma ponte? — perguntou Beatriz.

— Não, Bia. O progresso não chegou a essas bandas. Estamos dentro do Parque Nacional da Chapada dos Guimarães. À nossa volta, tudo é protegido pela lei de proteção ambiental. Temos que deixar as coisas como estão, sendo assim, jamais construirão uma ponte ou asfaltarão este caminho.

A van começou a balançar ao passar nos buracos. Beatriz e Francisca tentavam segurar as compras e Eva para não caírem do banco. Maria buscava desviar o veículo dos buracos, mas era praticamente impossível essa tarefa.

Os quarenta quilômetros a serem superados centímetro a centímetro pela van pareceram uma eternidade. Os primeiros raios de sol despontavam sobre a mata. Eva despertou quando Maria parou a van diante de uma porteira. Ela perguntou:

— Chegamos, mamãe?

— Penso que sim. Só não estou conseguindo ver o chalé no meio de tanto mato. Como vamos entrar no sítio?

— Com uma foice e um facão nas mãos para abrir o caminho até o chalé — respondeu Francisca.

— Eu não carrego um facão na van, quem dirá uma foice! Se avançarmos com a van, ela vai tirando o mato do caminho.

— É arriscado, mamãe. Se houver algo na frente, podemos avariar o único veículo que temos para voltar à civilização. Agora sei por que paramos de frequentar esse sítio.

— O lugar é adorável, se bem cuidado. O que será que aconteceu com a Antônia e os filhos? Eles cuidavam deste lugar? Eu ainda deposito o dinheiro na conta dela todos os meses.

— Esse lugar não vê uma enxada há anos. O que vamos fazer?

— Acalme-se, Beatriz. Vamos até a casa de Antônia ver o que aconteceu com eles e entender por que deixaram as coisas chegarem a esse ponto.

Maria deu ré na van e até chegar a um ponto onde o caminho se bifurcava. Ela seguiu por essa nova estradinha e ficou assustada em não encontrar nada que a remetesse às suas lembranças do passado. O caminho terminava em um morro e ao lado dele havia uma cachoeira de águas claras. Francisca disse:

— Eu me recordo deste lugar, mamãe! Acho que a casa de sua amiga ficava depois dessa cachoeira. Recordo-me que passávamos por aqui para chegar ao sítio, mas havia uma ponte de madeira para a travessia.

— Tem razão, havia uma ponte de madeira aqui. Vou atravessar esse rio e seguir até a casa de Antônia.

— Pode ser perigoso, mãe. Irei com a senhora. Bia e Eva ficarão bem esperando por nós dentro da van.

— Tenho medo de ficar aqui sozinha com Eva!

— Não tenha medo, Bia. Feche os vidros e tranque a van. Nós voltaremos o mais rápido que pudermos.

Beatriz obedeceu e foi preparar alguns lanches para o café da manhã. Eva deitou-se novamente no banco e começou a olhar através da janela os pássaros que pulavam pelos galhos das árvores. Ela disse:

— Não fique nervosa, mamãe. Tudo ficará bem. Eu sabia que um dia a senhora cumpriria a promessa de me levar para casa. E tudo deu certo! Nós estamos aqui juntinhas, tentando chegar ao chalé. Mamãe, o que é um chalé?

— Você tem razão, querida. Tudo está dando certo. Vamos ser positivas. Chalé é uma casa com telhado longo, que quase chega até o chão. Perdoe-me por ter feito você esperar tanto tempo para vivermos juntas. Eu deveria ter sido mais corajosa. Temia que um homem mau fizesse mal a você.

— O nome do homem mau é Teodoro! Ouvi vocês conversando sobre ele. Às vezes, eu gosto de ficar com os olhos fechados, descansando quietinha. Era assim que eu ficava no orfanato quando não conseguia dormir. A tia Silvana manda eu ficar quietinha para não fazer barulho e não acordar as outras crianças.

— Que menininha safadinha! Não deveria ouvir a conversa dos adultos.

— Não fiz de propósito, mamãe. Eu estava acordada e acabei ouvindo o que falaram. Me desculpa?

— Não tem que se desculpar, meu amor. Eu é que deveria ser mais cuidadosa. Não quero que você tenha medo de nada. Desejo criá-la para ser uma mulher forte. Foi bom você descobrir que existe um homem querendo nos fazer mal. Ele é ruim, e, por essa razão, lhe peço que nunca fale com estranhos. Esteja sempre preparada para correr deles. Não faça como sua mãe fez um dia. Eu caí na conversa fiada de um homem bonito e charmoso, que se transformou em um monstro!

— Eu tenho medo de monstros! Quero ir embora deste lugar...

— Acalme-se! Esse tipo de monstro que você imaginou não existe. Estamos seguras aqui. Eu me refiro a monstros por se tratarem de homens maus.

— Compreendi. Teodoro era um homem bonito que se transformou em um monstro? E como ele ficou na transformação?

— Na aparência, nada mudou. Ele continuou sendo um homem bonito, mas passou a fazer coisas ruins que feriam as pessoas.

— Ele te feriu, mamãe?

— Sim. Ele me feriu na alma. Por causa dele, tive de viver longe de você. Como desejei vê-la crescer, filha! Queria tanto estar ao seu lado. Desejei vê-la dar os primeiros passos e falar as primeiras palavras.

— Posso voltar a ser um bebê para você ver como eu era, mamãe.

Beatriz sorriu, e Eva imitou um bebezinho. As duas ficaram brincando dentro da van.

Enquanto mãe e filha se divertiam juntas, Maria e Francisca caminhavam por uma trilha estreita no meio da mata. As duas estavam assustadas com o estado daquelas terras, completamente cobertas pelo mato. Ao se aproximarem de uma porteira de madeira, já apodrecida pelo tempo, notaram que o mato cobria o lado de dentro da propriedade de seus vizinhos. Francisca disse:

— Não tem condições de aquela família viver no meio deste matagal. Vamos retornar para a van e tentar entrar no chalé enfrentando o mato alto do nosso sítio.

— Antônia deve ter se mudado e não me avisou! E eu continuei pagando pelo serviço que não era executado!

— Ouça, mamãe. Eu estou ouvindo um ruído de vozes ao longe. Pode ser do vizinho que ficava mais distante do sítio. O som se propaga à grande distância.

— Talvez sejam os filhos de Antônia. Vamos entrar e procurá-los.

— Não, mamãe. Vamos voltar e enfrentar o mato de nosso sítio. Será melhor que ninguém saiba que estamos de volta a este lugar. Será mais seguro para Eva e Beatriz.

— Você tem razão. Depois eu resolvo esse problema com Antônia e os filhos. Vamos lá desbravar a mata e encontrar o chalé.

As duas retornaram pelo mesmo caminho com cuidado para passar pelo riacho. Ao chegarem à van, encontraram os lanches prontos e, enfim, tomaram o café da manhã.

Beatriz perguntou:

— O que vamos fazer agora?

— Entraremos no sítio e ficaremos hospedadas no chalé como havíamos combinado — respondeu Francisca.

— Será melhor colocar as botas em Eva.

— Você e Eva ficarão na van. Eu e mamãe vamos abrir caminho para entrarmos com o carro. Pode ser perigoso levar Eva para o meio deste mato.

— Tia Fran, eu não tenho medo de nada. Mamãe disse que tenho de ser uma mulher forte. Eu não tenho medo de monstros. Se vir um monstro no mato, darei um chute nele assim.

— Vejam só! Temos uma garotinha valente aqui! Então, coloque suas botas e vamos lutar contra o mato até chegarmos ao chalé. Está pronta, guerreira Eva?

— Estou, vovó Maria. Sou uma princesa valente.

Elas seguiram o mesmo caminho até a porteira do sítio, desceram da van, e Maria acionou o alarme do veículo. Francisca empurrou a porteira, e as ripas de madeiras caíram mostrando que estavam podres. Elas foram passo a passo amassando o mato e desviando dos arbustos que haviam nascido no caminho.

O caminho até o chalé era longo. Eram mais de quatrocentos metros até chegar à porta. Diante do abandono daquele que fora um belo lugar, Maria ficou abalada por alguns segundos. Ela vivera momentos felizes ali e trouxe à mente essas boas lembranças. Por fim, tirou a chave do bolso e destrancou com dificuldade o cadeado da porta de entrada.

Francisca tomou a frente do grupo e empurrou a porta lentamente, dizendo:

— Pode haver aranhas e outros bichos aqui dentro. Esperem até que eu dê uma boa olhada primeiro para depois entrarem.

Maria ficou parada à porta sorrindo. Ela olhava para a cadeira de balanço ao lado da lareira e sentia a presença de Francisco sentado nela. Mentalmente, ela perguntou:

— O que faz aqui, amor?

— Tive que limpar a casa antes de vocês chegarem. Havia espíritos perdidos que fizeram deste lugar abandonado o refúgio deles.

— Obrigada pela ajuda. Eu sabia que você não nos deixaria sem seu auxílio.

— Antônia pediu desculpas por não ter conseguido interromper o pagamento que você faz há anos. Ela está muito decepcionada com os filhos, que não encerraram a conta bancária conjunta que tinham com ela. Há vários anos, ela está conosco deste lado.

— Agora compreendi. Foram os filhos que receberam o dinheiro no lugar dela. Eu sabia que Antônia era uma mulher honesta. Diga a ela que está tudo bem, que não fique envergonhada por atos que não foram cometidos por ela e que lhe mandei um grande abraço.

— Direi a ela. Vocês estão seguras aqui. Fique em paz e na positividade.

— Até outro dia, amor. Siga em paz.

Francisca notou o olhar da mãe e que ela estava em um de seus transes. Beatriz estava intrigada com o motivo de Maria estar parada à porta do chalé, com a respiração um pouco mais profunda. Ela perguntou:

— Sua mãe está bem, Fran?

— Estou ótima! — respondeu Maria. — Podemos entrar, Francisca?

— Não encontrei muitos insetos; apenas tirei algumas teias de aranhas. Podem entrar preparadas para uma grande faxina.

— Fran, é seguro para Eva ficar dentro do chalé?

— Penso que será melhor do que ficar do lado de fora. Aqui há poeira, mas aí fora eu não sei o que encontrar no meio desse mato todo.

As três se prepararam para limpar o chalé depois de finalmente conseguirem passar com a van pelo mato alto e pelos arbustos. Francisca foi mostrando o caminho mais seguro para o veículo passar, e, quando conseguiram estacionar na frente do chalé, Maria respirou aliviada.

O dia estava chegando ao fim quando elas finalmente terminaram a faxina. Francisca disse:

— Finalmente, este lugar está como eu me lembrava. Tudo limpo e cheiroso. Podemos ficar aqui tranquilas.

— Que bom, Fran. Ainda não sei como lhes agradecer pela ajuda. Eva está muito feliz por estar comigo.

— Estamos todas juntas e felizes por nosso resgate ter dado certo, Bia. Quando tudo estiver limpo lá fora, você verá como este lugar é belo. Passarei minhas férias aqui com vocês.

Maria preparou o jantar, enquanto Francisca e Beatriz organizavam as camas com lençóis novos, que elas haviam comprado no *shopping*. Após o jantar, todas estavam muito cansadas e deixaram a louça lavada sobre a pia para secar. No andar superior do chalé, havia três quartos, e elas subiram para descansar. No piso térreo do chalé, ficava a sala de jantar, uma sala de estar e a cozinha, tudo em um grande espaço aberto. Ao lado da cozinha, ficava a lavandeira, a despensa e um banheiro completo. A água que abastecia o chalé vinha do poço localizado no fundo do terreno. A água era cristalina e pura. Francisco, preocupado com as condições da água que abastecia o sítio, enviou uma amostra para um laboratório analisar, e o resultado foi melhor do que ele esperava.

O resto da noite foi tranquila, e as quatro, finalmente, dormiram em paz.

CAPÍTULO 9

Teodoro, finalmente, recebeu a caixinha de música e alguns papéis que seus homens retiraram da casa de Beatriz. Quando o segurança saiu da sala da presidência da empresa, Teodoro pegou a caixinha que comprara em um antiquário na Itália e lembrou-se do dia em que adquiriu aquela preciosidade do século XIX. O coração dele disparou quando se recordou de Beatriz em seus braços no dia do noivado. Ele examinou algumas contas de energia elétrica que haviam sido pagas por sua ex-mulher, mas não lhes deu importância. Por fim, deparou-se com vários extratos bancários e percebeu que Beatriz depositava todos os meses uma quantia razoável na conta de um orfanato. Teodoro estranhou aqueles depósitos e, dirigindo-se ao seu advogado, que estava sentado do outro lado de sua mesa, perguntou:

— João Vicente, ela depositava parte da miséria do dinheiro que recebia com seu empreguinho de camareira no hotel na conta de um orfanato. Como essa mulher é ignorante! Vivia na miséria e doava mais da metade do salário para um orfanato?! A boa samaritana gostava de ajudar as criancinhas.

— Posso ver esses extratos?

— Quer analisar a burrice daquela idiota? Fique à vontade.

João Vicente analisou os extratos bancários e chegou a uma conclusão que deixou Teodoro indignado. Ele disse:

— Penso que esses depósitos não eram feitos por simples caridade, Teodoro. Ninguém, que ganha um salário baixo como o dela, deixaria de se alimentar melhor para doar grande parte do salário do mês a um orfanato. Esses depósitos me mostram que ela pode estar sustentando uma das crianças que vive no orfanato. É apenas um palpite, pois cresci em um orfanato na Bahia. Era comum que, quando uma pessoa simpatizasse com uma criança órfã, a ajudasse de alguma forma. As pessoas davam presentes, mas o que realmente precisávamos era de amor e atenção.

— Beatriz está sustentando uma criança? Claro! Só pode ser o filho bastardo que ela teve com aquele maldito do Arthur! Ela mentiu dizendo que havia tido um aborto quando sofreu o acidente. Os peritos encontraram um exame de sangue de Beatriz, que dera positivo para gravidez. Ela me traiu e aí está a prova da traição: um filho bastardo, que vive nesse orfanato.

— Tudo me leva a crer que a criança sobreviveu à sabotagem do freio do carro dela — disse João Vicente.

— Não comente esse assunto em voz alta aqui! Você quer me comprometer?! Não sou o responsável por aquele acidente. Até hoje eu duvido do laudo da polícia. Beatriz sofreu um acidente, e o motorista, que era o seu amante, morreu. Que o maldito Arthur queime no inferno!

— Desculpe, chefe, mas os peritos examinaram o carro e esse fato foi constatado. Eu li o laudo. Na época, eu ainda não trabalhava como advogado, pois era estudante de Direito. Sou curioso e estava estagiando com o advogado da empresa.

Teodoro ficou furioso e acabou passando a mão sobre a mesa e jogando tudo no chão, como era seu costume quando ficava irritado. A caixinha de música bateu violentamente na parede e quebrou-se, abrindo um compartimento secreto. Um dos papéis que caíra perto da caixinha de música acabou chamou a atenção do advogado, que se abaixou para pegá-lo. Depois de abri-lo cuidadosamente e ler seu conteúdo com calma, ele disse:

— Eureca! A hipótese que levantamos está correta! Beatriz teve uma filha de nome Eva Fontes.

— Quer dizer que aquela maldita realmente mentiu?! Ela teve a criança! Desgraçada! As duas poderiam ter morrido naquele acidente! Maldita seja essa bastarda!

Teodoro ficou furioso e passou a caminhar de um lado para o outro na sala. Depois, ordenou:

— Quero que procure o endereço deste orfanato, encontre a bastarda e a traga aqui. Vamos ver se Beatriz terá coragem de continuar escondida como um rato na toca! Ela assinará a procuração, e eu a retirarei do testamento de meu pai. Ela não terá direito a nada da minha herança! Maldita hora que meu pai caiu de amores pela norinha traidora!

— Seu pai acabou atando sua ex-mulher ao senhor, quando a presenteou com as ações da empresa. Quantos bons negócios o senhor vem perdendo desde que o testamento do seu pai foi aberto?

— Se não precisasse da assinatura dela, eu teria me retirado da vida de Beatriz há muito tempo. Essa maldita terá de me devolver as ações que estão no nome dela!

— Além do senhor e de sua ex-mulher, quem mais faz parte deste testamento?

— Ninguém mais. Meu pai não teve outros filhos. Aquela traidora e eu somos os únicos herdeiros da fortuna dos Davillas! Beatriz, no entanto, não sabe que meu pai a presenteou com as ações da empresa, pois isso ocorreu no dia do aniversário dela, quando ainda estávamos juntos. Meu pai gostava muito dela, mas, dias após o registro desse testamento no cartório de notas, ele e minha mãe faleceram naquele acidente aéreo. O jatinho deles caiu na Alemanha. Fiquei tão atordoado que acabei me esquecendo de passar os papéis das ações para aquela... Na época, Beatriz foi meu apoio. Ela e Edilene, minha mãe de coração, foram meu suporte. Penso que me senti como você na orfandade, pois meus pais estavam ausentes na maioria do tempo em minha vida.

— O senhor não sabe o que é não ter ninguém na vida, Teodoro, mas é melhor voltarmos ao nosso assunto principal.... Preciso deixar claro que a filha de Beatriz, de nome Eva Fontes, é herdeira direta da mãe. Essa menina não sabe que é milionária.

— Essa criança não existe, meu caro! E não tem direito a nada. Descubra o endereço do orfanato. Quero essa menina aqui! Assim, Beatriz virá por livre escolha e fará o que eu desejar.

— Seu plano é infalível! Vou preparar novamente os papéis da doação das ações das empresas que ela deve assinar. Quanto ao endereço, veja aqui. Beatriz facilitou bastante meu trabalho, pois anotou o endereço do orfanato no extrato do banco. Vou conferir e retornarei o mais rápido que puder com a confirmação.

— O que houve com os papéis que ela deveria ter assinado no hotel há alguns dias? Já não estavam prontos?

— A chefe de Beatriz arrancou os papéis de minha mão, rasgou e jogou os pedaços em meu rosto.

— Que mulher atrevida e sem elegância!

— Seus homens estão vigiando a porta do prédio em que essa mulher mora. Quando desejar, ela estará aqui na sua frente para pedir desculpas por esse atrevimento.

— Não quero essa mulher atrevida em meu escritório. Os amigos da traidora são meus inimigos.

O advogado saiu da sala e seguiu apressado para sua sala. Ele investigaria o endereço do orfanato, mas Francisco estava atento aos passos de Teodoro. Ele não permitiu que João Vicente confirmasse com facilidade o endereço, pois Maria e Francisca precisavam de mais tempo para chegar ao sítio.

Depois de atrapalhar os planos imediatos de Teodoro, Francisco retornou à luxuosa sala de seu protegido e lançou sobre ele energias salutares. O estado vibratório de Teodoro, contudo, bloqueava quaisquer energias que não fossem negativas e densas, que ele vibrava naquele momento. O carinho e a benevolência do espírito de Francisco não conseguiram abrandar a mente furiosa de Teodoro, que ainda sentia um profundo amor por Beatriz, mas não admitiria a ninguém que esse sentimento ainda existia.

Francisco deixou que uma lágrima rolasse ao sentir que Teodoro estava muito distante da realizar os planos que fizera com os espíritos sábios, que ajudam no resgate e no aprendizado individual do encarnado. Ele disse:

— Acorde, meu amigo. Essa personalidade furiosa já deveria ter se transformado. Aplaque essa fúria que o devora por dentro e o leva ao abismo espiritual. Seja luz em sua vida e ilumine seu caminho, meu amigo. Ninguém chega a lugar algum carregando a fúria implacável do ódio. Beatriz não o traiu, e Eva é sua filha. Você transformou o amor que recebeu em medo e raiva. Tudo não passou de um equívoco, Teodoro. Era apenas um desafio que a vida lhe impunha. Você o enfrentou da pior maneira, transformando amor em ódio e fúria. Não faça mal a Eva, pois ela será sua redenção. Aproveite a chance de retornar ao seu eixo e faça o melhor no bem. Busque a bondade que ainda existe em seu ser.

Francisco saiu da sala de Teodoro e se pôs a caminho da dimensão que habitava.

Foi com alegria que Francisco retornou ao astral, deixando a tristeza do lado de fora para não contaminar o ambiente que habitava.

Por um momento, passou pela mente de Teodoro que a criança que vivia no orfanato pudesse ser sua filha, mas, imediatamente, ele rejeitou essa ideia. Insistia como verdade absoluta que a criança era filha de seu rival e, tomado pelo ódio que sempre sentiu de Arthur, disse:

— Maldito! Aquele acidente acabou com você, mas, mesmo depois de morto, você ainda me perturba... Eu o odeio, Arthur! Darei um jeito na sua filha com aquela traidora! Beatriz, eu a amei tanto... por que me traiu com aquele malandro?

Nesse momento, Teodoro recordou-se do dia do acidente. Ele recebeu a notícia pelos lábios de Edilene, sua fiel escudeira, que o educara com muito carinho. Quando ela entrou em seu escritório sem ser anunciada, Teodoro já sabia que as notícias não eram boas. Edilene levou um comprimido tranquilizante e o fez tomar a medicação antes de contar sobre o acidente que vitimara Arthur e ferira Beatriz.

Ao saber do acidente, Teodoro desejou ir para o hospital, mas Edilene o conteve, pois Camila, a ex-namorada da adolescência de Teodoro e sua amiga, desejava tê-lo de volta ao seu lado. Ela havia deixado o escritório, minutos antes. A moça marcara uma reunião com antecedência, arquitetando seu plano contra Beatriz em todos os detalhes. Durante essa reunião, Camila mostrou as provas forjadas para Teodoro, que caiu em sua armadilha, terminando ali sua felicidade ao lado de Beatriz. Edilene impediu que ele fosse até o hospital, pois o comprimido que ele tomara era forte. Teodoro, então, acabou dormindo no sofá do escritório naquela noite e, mesmo na manhã seguinte, ainda continuava dormindo.

Camila enviou uma amiga para assustar Beatriz no hospital, e foi assim que ela espantou sua rival de uma vez por todas da vida de seu desejado milionário.

A noite caiu, e Teodoro finalmente entrou no hospital, onde ficou sabendo que sua esposa fugira pela manhã. Foi Edilene quem entregara a Teodoro o teste de gravidez que a polícia encontrara no carro de Beatriz. Ele, então, conversou com o médico que atendera a moça e afirmou que a paciente sofrera um aborto após o acidente.

Durante todos aqueles anos, Teodoro buscou incansavelmente por Beatriz, no entanto, nunca mais ficara frente a frente com ela.

Arthur sentiu uma energia densa e pegajosa chegar até ele. A ligação de ódio que havia entre os dois permitiu esse contato direto entre Teodoro e ele. O rapaz estava trabalhando em um posto da guarda no portão de uma colônia espiritual. Ele era um dos sentinelas que impedia a entrada de espíritos errantes.

Um amigo, que também trabalhava no mesmo setor, percebeu quando Arthur foi atingido pela energia densa. Ele, imediatamente, entrou em contato telepático com Francisco, espírito que todos respeitavam e amavam por sua nobreza e lucidez.

Francisco deixou o que estava fazendo e, imediatamente, se materializou diante de Arthur. Essa aparição rápida fez o outro sentinela assustar-se e sorrir dizendo:

— Que presteza! Acabei de entrar em contato e aqui está você, caro Francisco!

— Nós precisamos ser rápidos no atendimento, antes que a contaminação se propague pela colônia. A energia dos errantes é como um visgo muito pegajoso.

Dois enfermeiros chegaram da câmara de desintoxicação carregando uma maca, e Francisco deu a ordem:

— Levem Arthur para a desintoxicação. Ele precisa voltar ao equilíbrio de suas emoções ou terá de ser remanejado para o manicômio dos errantes.

Os enfermeiros foram rápidos, e, antes que o outro sentinela pudesse se manifestar, a maca foi levada ao subterrâneo da colônia. Francisco, por sua vez, continuou no local, limpando o ambiente. Ele jogou energia positiva para anular a energia densa e sombria que ficara no ambiente. Depois de tudo desinfetado, Francisco chamou o sentinela que estava curioso com tudo o que presenciara.

— Sei que acabei deixando-o confuso e sinto que está ansioso para fazer perguntas. Pode fazê-las. Estou aqui para esclarecer suas dúvidas, Fábio.

— Como pôde chegar tão rápido aqui, mestre Francisco? Como essa nuvem de energia gosmenta conseguiu ultrapassar todas as barreiras da defesa da colônia? E por que ela atingiu Arthur dessa forma violenta?

— Eu ouvi seu chamado e viajei na velocidade do meu pensamento. De onde venho, não precisamos mais de veículos para nos deslocarmos entre as dimensões. Respondendo à segunda pergunta: a energia dementada que atingiu Arthur partiu de um irmão que ainda está encarnado.

— Compreendi. Existem desavenças entre eles, que não foram resolvidas enquanto estavam juntos colhendo experiências terrenas.

— Correto. Essa gosma densa e negativa não pôde ser contida pela defesa da colônia, pois o alvo era Arthur, que tem uma ligação de ódio com esse irmão, que está equivocado e ainda insiste em vibrar no ódio.

— Arthur ficará bem?

— Sim. Ele é um bom aluno e aprende rápido a mudar a vibração densa para a positiva.

— Me pareceu grave o que aconteceu com ele. Pude ver aquela bola de energia densa, escura e carregada de ódio chegando. Foi horrível! Foi como uma fumaça escura. Me assustei. Arthur caiu no mesmo momento. Acho que ele precisará de um tempo para se livrar daquela massa densa e escura.

— Arthur é esperto; não é um novato. Ele vem se saindo bem em seu aprendizado. Um bom banho de positividade o deixará com uma boa vibração novamente.

— Eu ainda não sou tão esperto como Arthur. Estou no início do aprendizado. Quero aprender para não ser atingido pelos pensamentos dos encarnados que ficaram na Terra. Às vezes, a energia de tristeza de minha mãe me deixa atordoado. O que devo fazer para não ser atingido por essa energia pegajosa de tristeza que ela vibra? Sei que é somente saudade do filho que partiu cedo, como ela afirma, mas as lágrimas dela pesam sobre meu espírito.

— Você já se matriculou no curso de limpeza energética? É preciso usar a força extremamente positiva para não ser alvo da tristeza dos encarnados. Compreendo que existem pessoas que exageram permanecendo um longo período no luto pelo ente querido que partiu. É preciso reagir! Eu me pergunto... por que tanta tristeza? Infelizmente, os encarnados desconhecem que a pessoa que partiu faz parte do grupo encarnatório de seu aprendizado e que se encontrarão novamente.

— Quer dizer que, um dia, poderei viver novamente ao lado das pessoas com quem tenho afinidade? — questionou Fábio entusiasmado.

— Naturalmente, sim. Vocês formam uma família espiritual. Lógico que alguns são mais evoluídos que os outros, mas o encontro com os espíritos afins é inevitável. Um dia, você reencarna como pai; outro dia, reencarna como filho; outro, como marido ou quem sabe até como vizinho, primo, irmão... São infinitas as possibilidades. Por essa razão, é preciso tratar a todos com respeito e carinho.

— Vejo como é importante fazer as pazes com nossos inimigos ou permanecemos na mira deles, como Arthur ficou hoje. Não quero receber esse golpe esdrúxulo e baixo do meu inimigo.

— Pode parecer estranho o que aconteceu com seu amigo Arthur, mas é muito comum que as pessoas que estão em desavença se prejudiquem mutuamente. A ligação que o ódio forma é devastadora na vida de ambos. Por essa razão, Jesus deixou essa máxima quando andou ao nosso lado na Terra: "Entra em acordo sem demora com o teu adversário, enquanto estás em caminho com ele"[1].

— Grande mestre e grande sabedoria! Hoje mesmo, vibrarei a favor dos que deixei na Terra. Não quero ter inimigos e sofrer como Arthur. O rapaz ficou transfigurado nesse ataque.

— Não vamos comentar sobre o sofrimento de nossos irmãos. Vibre energia positiva quando pensar nele, pois dessa forma colaborará com a recuperação dele. Fique na paz e não saia do seu equilíbrio. Lembre-se de que a positividade é o melhor dos remédios.

Francisco partiu em uma bola de luz, e Fábio, por pouco, não caiu no chão de espanto. Ele era um espírito que, após o desencarne, fora recebido na colônia por seus méritos. Um privilégio para um espírito que não precisou desopilar a negatividade que trouxera da última

---

1 Mateus 5:25.

experiência terrena no umbral, como é natural a todos que desencarnam.

Arthur ficou um breve período desintoxicando-se na câmera do subterrâneo da colônia e, quando retornou ao seu posto, estava renovado e com a animação que lhe era peculiar.

CAPÍTULO 10

Os raios de sol cobriam grande parte do céu. De um lado, despontavam os tons alaranjados e o azul-turquesa e, do lado oposto, a cor laranja trazia o tom daquela manhã magistral. Beatriz abriu a janela de seu quarto e não pôde conter seu encantamento diante de tamanha beleza que a natureza concedia naquele momento.

Ela acordou Eva dando beijos estalados em seu rostinho e disse:

— Venha ver o espetáculo que o Papai do Céu desenhou neste lugar encantado.

Eva esfregou as mãos sobre os olhinhos, esticou os bracinhos para o alto de sua cabeça, deu uma gostosa espreguiçada e perguntou:

— O Papai do Céu sabe desenhar, mamãe? Será que um dia eu conseguirei desenhar como Ele?

— Você pode tudo, minha amada, mas creio que somente quem nos governa é capaz de realizar esse tipo de desenho. Creio que foi Deus quem criou a natureza deste lugar. Venha ver onde a mão Dele tocou. Tenho certeza de que você nunca avistou tantas cores no céu, querida.

Eva pulou da cama para os braços da mãe, e Beatriz a levou para o peitoril da janela. A menina olhou em todas as direções e sorriu dizendo:

— Que lindo, mamãe! Eu ainda posso ver as estrelas no céu! Olhe para aquele lado! Uma delas ainda está brilhando. Posso fazer um desenho com os lápis de cor que ganhei ontem?

— Vou pegar seu material de desenho que ficou na van.

Beatriz olhou para baixo, buscando o local onde a van estava estacionada, e viu um filhote de cervo admirando-se diante do para-choque do veículo. O brilho prateado da peça do automóvel havia chamado a atenção do animal, e Beatriz, com um tom suave na voz, disse:

— Querida, olhe para baixou e veja que lindo aquele animalzinho lá embaixo.

— É um bebezinho de cavalinho! Onde está a mamãe dele?

— Não é um cavalinho, filha. É um cervo! Ele é lindo!

— É muito bonitinho, mamãe. Posso brincar com ele?

— Não, filha! Ele é um animal selvagem, e nós não podemos intervir na vida selvagem. Ele pode não compreender que você quer brincar e pode atacá-la. O cervo tem medo da gente.

— Mas eu só quero fazer um carinho nele.

— Não é possível, querida. Mas sabe o que podemos fazer? Tirar algumas fotos! E, depois, você ainda poderá desenhá-lo em seu caderninho.

— Eu quero desenhar o céu, as estrelas e o cavalinho cervo.

Beatriz sorria em ver a animação da filha. As duas voltaram para cama, e mãe e filha brincaram de fazer cócegas. O som das gargalhadas de Eva ecoava por todo o chalé. Francisca e Maria despertaram com a voz alegre da criança, o que fez a memória de Maria acionar lembranças de um passado longínquo. Tratava-se de boas lembranças, que a deixaram emocionada ao despertar para um novo dia. Nitidamente, ela podia ver Francisca nas costas do pai brincando de cavalinho.

Maria respirou profundamente, calçou os chinelos e seguiu em direção à janela. Ao se deparar com o espetáculo no céu, agradeceu ao Criador por estar ali e ver mais um dia se iniciando.

Ela também ficou alguns minutos apreciando o amanhecer. Depois, colocou um vestido com estampa floral de tecido leve e foi para o banheiro para se aprontar e iniciar um novo dia.

Francisca também acordou com o som alegre que havia se propagado pelo chalé, mas, como ainda estava cansada da longa viagem que fizeram até ali, desejou dormir um pouco mais. Ela virou o corpo na cama e fechou os olhos novamente, contudo, sentiu o cheiro delicioso de café sendo preparado na cozinha. O cheiro espalhou-se por todo o chalé, fazendo Beatriz e Eva se apressarem em trocar de roupa e descer a escada rapidamente. Ao chegarem à sala, notaram que a mesa estava posta com várias guloseimas. Maria havia acabado de tirar um bolo de laranja do forno, e Beatriz disse:

— Bom dia! Que cheiro delicioso de bolo e café fresquinho! Obrigada por esse carinho, minha amiga.

— Bom dia, meninas. Venham! Sirvam-se! Vejo que acordaram cedo!

— É costume pular da cama quando o sol nasce. Hoje, tive uma grata surpresa ao abrir a janela. O céu estava incrivelmente belo.

— Mamãe, conta para a vovó Maria sobre o cavalinho que vimos no mato ao lado do carro.

— Cavalinho?!

— Eva, não era um cavalinho; era um filhote de cervo. Avistamos lá de cima. Veja! Tirei algumas fotos do animalzinho.

Beatriz mostrou algumas imagens registradas pela câmera de seu novo celular, que ela comprara no *shopping* em Paranaíba, pois seu antigo telefone ficara dentro do armário de funcionários no hotel. Além disso, Francisca temeu que Teodoro rastreasse a amiga por meio do aparelho.

Maria também ficou encantada ao ver as fotos do pequeno cervo que brincava notando sua imagem como em um espelho diante do para-choque da van.

— Acabei de me convencer que o para-choque cromado ficou ótimo na van. O cervo pensa que está brincando com outro cervo no reflexo espelhado do cromado. Que lindo! Aqui, nós somos abençoados com a presença de várias espécies de animais. Mas temos de ter cuidado!

Maria olhou para Eva e disse:

— Não podemos sair sozinhas do chalé, pois existem onças aqui e elas se alimentam de carne. Promete não sair sozinha no meio do mato alto que está lá fora?

— Sou uma boa menina, vovó Maria. Eu prometo, mas a onça pode estar com fome! Nós podemos dar a ela um bom pedaço de carne que compramos no mercado ontem?

— Não, Eva. A onça não se alimenta de carne congelada. Ela é uma caçadora e devora a caça com seus dentes.

— Ela caça os outros animaizinhos da floresta, mamãe?

— A onça está por perto, Eva. Ela pode até nos caçar. Então, prometa que não deixará o chalé sozinha de forma alguma.

— A onça pode me caçar e comer meus dedinhos e minhas perninhas?!

— Ouça, querida, sua mãe está dizendo a verdade. Assim como vocês viram o cervo próximo à van lá fora, poderia ser uma onça, que se alimenta de carne, inclusive da humana. E nós somos os humanos, compreendeu? Ela pode se alimentar com seu corpinho, com meu corpo, com o da mamãe e o da tia Fran. Por isso, não é bom brincar lá fora sozinha.

Eva fez uma carinha triste, abraçou Beatriz e chorou.

— Não precisa ficar triste, querida. Nós vamos tomar cuidado, e a onça nunca se aproximará do chalé. Não chore! Vamos tomar uma xícara de leite quente para espantar esse medo desagradável que se instalou em seu coração. Não quero vê-la triste. Somente a alegria é permitida neste lugar. Não foi minha intenção assustá-la. Não tenha medo, Eva. O medo é como um ímã que atrai o que tememos. Vamos nos sentar aqui no cantinho do pensamento, respirar pelo nariz e soltar o ar pela boca lentamente. Cuide dos pensamentos que você permitiu entrar em sua mente. Vamos substituir todos os pensamentos desagradáveis por agradáveis. Vamos trazer alegria para este dia que se iniciou com um amanhecer belíssimo.

Eva começou a seguir os comandos de Maria, permitindo, assim, que sua mente expulsasse o medo da onça e retomasse as belas cores que ela avistara no céu minutos antes da conversa que a desagradara, mas que fora necessária para a menina compreender que existia perigo fora do chalé.

A vibração de Eva tornou-se positiva novamente. Ela secou as lágrimas, abriu um sorriso e animou-se para saborear o delicioso bolo que estava sobre a mesa.

A mudança repentina da filha deixou Beatriz curiosa sobre o exercício que Maria ensinara para ela. Muitas perguntas tumultuavam os pensamentos de Beatriz, e Maria, notando a expressão no rosto da amiga, disse:

— Depois, lhe darei todas as explicações que desejar, mas agora vamos nos alimentar com o café da manhã que preparei com amor para nós.

— Obrigada. Eva parou de chorar, e vejo no rostinho dela a alegria de volta.

— Nossa menininha está aprendendo que tristeza não faz bem para ninguém.

— Não gosto de ficar triste. Lá no orfanato, as crianças chegavam tristes e chorando. Eu tentava fazer brincadeiras para elas sorrirem, e as crianças melhoravam. Quando uma menina chorava de saudade da mãe, eu me deitava ao lado dela e cantava baixinho até ela dormir.

— Essa é minha Eva! Que orgulho eu sinto de você, querida.

— Obrigada, mamãe. Eu sabia que a música manda a tristeza embora. Quando eu ficava triste, cantava e tudo passava. Podemos cantar agora, vovó Maria?

— Devemos cantar uma canção bem alegre. Pode começar, e nós acompanhamos você.

Eva subiu na cadeira depois de engolir um pedaço de bolo e começou a cantarolar uma canção antiga que aprendera no orfanato. Maria conhecia a letra e a acompanhou. Beatriz esforçava-se para recordar a cantiga de quando era criança. A vibração agradável, então, espalhou-se no ambiente. Francisca desceu a escada e se pôs a cantar com elas. E assim se iniciou o dia agradável na Chapada dos Guimarães.

CAPÍTULO 11

Teodoro estava furioso por descobrir que a criança sobrevivera ao acidente que Beatriz e seu amante sofreram.

Ele recordou-se do quanto amava Beatriz e do quanto desejava estar ao seu lado, quando retornava de um dia cansativo de trabalho na empresa que fora de seu pai. Teodoro desejou chegar a casa e receber o carinho de sua amada esposa, mas, ao acionar essas lembranças, deu um soco na mesa quando a imagem de Arthur se fez presente em sua mente. Ele disse:

— Foi ele quem estragou tudo! Maldita foi a hora que esse sujeito foi contratado para ser o motorista na minha casa!

João Vicente entrava na sala da presidência com alguns papéis nas mãos quando ouviu o desabafo de Teodoro.

— O rapaz que morreu naquele acidente foi contratado como motorista de sua esposa? — perguntou.

— Veja só como fui enganado. Uma amiga indicou o safado para Edilene, a governanta da mansão, e eu, tolo, dei ordem para contratá-lo como motorista do carro que dei para Beatriz. Fui um idiota! Contratei o amante daquela traidora! Eles foram namorados na adolescência, e eu desconhecia esse fato. Beatriz não me disse nada. Se tivesse me contado, eu teria mandado o cara embora ou o remanejaria para trabalhar na empresa, longe da minha casa. Assim os dois ficariam distantes um do outro.

— Sua mulher estava apaixonada pelo rapaz?

— Penso que sim. Aquela traidora era apaixonada pelo safado! Fui um tolo... está nítido que o pai dessa criança é ele.

— Talvez, neste ponto, você não tenha sido enganado. A criança pode ser sua filha.

— Minha filha?! Não! Eu estava viajando quando... Eu passei quase um mês longe de Beatriz.

— Quanto tempo você ficou fora?

— Fique fora vinte e cinco dias antes do acidente.

— Não desconfia de que a criança possa ser sua filha? Não descarto essa hipótese, Teodoro. Se eu fosse você, buscaria a prova para ter certeza de que essa menina não é sua filha.

— Eu estou com tanto ódio... que não pensei nessa possibilidade. O que posso fazer para descobrir se sou o pai dessa criança?

— É preciso fazer um exame para confirmar a paternidade, mas para isso precisamos encontrar a criança.

— Ela está no orfanato. Já descobriu o endereço do lugar?

— Sim. Entrei em contato com a administradora do local e descobri que Eva Fontes desapareceu há dois dias do orfanato.

— Como desapareceu?! Essa criança tem apenas quatro anos! Não tem ninguém para cuidar das crianças em um lugar desses?

— Não sei como isso ocorreu. O que sei é que a menina desapareceu.

— Foi ela! Claro que foi ela! Encontraremos Beatriz e a menina. Aquela safada tentou esconder a filha por todos esses anos. Deve ser por isso que ela não assina os papéis que devolvem tudo o que é meu. Ela quer proteger a herança da filha.

— Talvez seja por isso. Provavelmente, ela quer deixar a parte que lhe cabe da herança que recebeu de seu pai para Eva.

— Encontre a menina. Eu o pagarei em dobro para ter essa criança aqui.

— Farei tudo o que puder para descobrir o paradeiro de Eva Fontes, mas posso lhe fazer uma pergunta:

— Sim. O que deseja saber?

— No caso de Eva não ser sua filha... o que faria com ela?

— Não se preocupe. Eu não prejudicaria uma criança mesmo ela sendo a filha bastarda de Beatriz. Penso que seria uma vingança inteligente se tivesse o pátrio poder sobre a criança. Eu teria Beatriz em minhas mãos... Tenho certeza de que ela voltaria para casa somente para estar próxima da filha, e, assim, eu teria as duas sob meu comando... A vingança é um prato que se come frio, meu amigo. Eu saberei fazer a traidora sofrer!

João Vicente sentiu um arrepio em seu corpo ao olhar nos olhos de Teodoro e, naquele momento, desejou não procurar por Eva e Beatriz. As cifras do dinheiro oferecido para solucionar aquele caso, no entanto, fizeram o advogado dar continuidade às investigações.

Na manhã seguinte, ele pessoalmente foi à cidade de Bastos, apresentou-se na Vara da Infância e da Juventude, dando início à investigação.

O advogado colheu todas as informações que conseguiu sobre Eva Fontes e seguiu para o orfanato. Chegando lá, fez várias perguntas à diretora da instituição e a Silvana, que cuidava das crianças no dia do desaparecimento de Eva. Pouco descobriu, no entanto, sobre as duas mulheres que se passaram por funcionárias da Secretaria de Educação da cidade.

João Vicente procurou saber quem era a amiguinha mais próxima de Eva e, assim, com sua fala mansa e carinhosa, fez grandes descobertas com Milena, a garotinha que estava sempre ao lado de Eva.

No dia em que a amiga desapareceu, Milena estava no jardim com ela e contou que, antes de entrar na casa, viu a mãe de Eva, que ela já conhecia, entrando em um carro grande branco. Ela completou:

— Era um carro igual ao que nos leva para a escolinha. Aquelas duas mulheres saíram do carro para falar com as tias do orfanato.

João Vicente não teve dúvidas de que uma das mulheres que Milena descrevera era Francisca. O advogado questionou:

— Mas quem era a outra mulher um pouco mais velha, que esteve aqui com a mãe de sua amiguinha Eva?

— Não sei, tio. Posso ir brincar com meus amigos agora?

— Pode, sim.

Milena estava se afastando com seu jeitinho de caminhar com pulinhos, quando ela retornou e perguntou:

— Tio, você promete que vai trazer minha amiga Eva de volta?

— Estou procurando por ela, querida. Prometo que não deixarei que nada de mau aconteça com ela.

— Eva não voltará para o orfanato, tio?

— Não sei. Se ela está com a mãe... sua amiga deve estar em casa. Mas prometo trazer notícias de sua amiguinha. Até outro dia, criança.

— Tio, você pode levar a boneca que Eva esqueceu? Devolva para ela. Vou pegar.

Milena saiu correndo e desapareceu entre os vários cômodos do orfanato. João Vicente estava saindo do casarão quando a menina gritou:

— Espera, tio!

João Vicente parou e sorriu ao ver Milena correndo em sua direção, segurando entre suas mãozinhas uma boneca sem cabelos. Diante dele, ela disse:

— Essa é a boneca que Eva mais gostava. Entregue para ela.

Silvana acompanhava o investigador até o portão e tentou intervir dizendo:

— Deixe essa boneca velha onde estava, Milena. O investigador não deseja sair carregando essa boneca feia e careca.

— Não se preocupe, senhora. Faço questão de entregar a boneca para Eva, quando eu encontrar a menina. É a boneca de que ela mais gosta. Está tudo bem.

Ele saiu carregando a boneca até o táxi que o aguardava na rua. O motorista levou-o até o aeroporto da cidade de Tupã, onde o advogado entrou em um helicóptero que pertencia a Teodoro e retornou para o Rio de Janeiro.

João Vicente colocou a boneca careca dentro de uma sacola de supermercado. O helicóptero decolou e desceu em São Paulo para abastecer o tanque de combustível e continuar a viagem até o Rio de Janeiro. Duas horas e meia depois, o advogado desembarcou no heliporto do prédio onde funcionavam a fábrica e o escritório de Teodoro.

João Vicente estava faminto, pois a viagem fora longa e cansativa, e queria retornar para seu apartamento o mais rápido que pudesse. Desejou passar despercebido por seu chefe, mas, ao ouvir o helicóptero pousando no prédio, Teodoro fez questão de subir ao topo do edifício para saber das novidades.

Desde quando João Vicente levantou a hipótese de Eva ser sua filha, Teodoro ansiava por encontrá-la. Ele, então, apressou-se, pois desejava saber o paradeiro da possível herdeira de sua fortuna.

Teodoro sempre desejou ter filhos, mas era cuidadoso ao extremo quando estava na intimidade com uma mulher, pois sabia que muitas adorariam lhe dar o golpe da barriga. E ele, por sua vez, não cairia nas armadilhas de aproveitadoras.

Ao descer do helicóptero, João Vicente não teve como seguir com seus planos. Teodoro levou-o imediatamente para sua sala e cravou-o de perguntas.

O advogado respondeu a todos os questionamentos de seu chefe e, uma hora depois, foi liberado para ir para casa. Ele entrou no pequeno apartamento e foi direto para o banho. Depois, jogou-se na cama e pediu uma pizza.

Uma hora depois, o porteiro interfonou várias vezes para o apartamento de João Vicente, mas ele não atendeu. Foi preciso que um dos funcionários do edifício subisse ao andar e batesse com força na porta de seu apartamento. Assustado com o barulho, ele, sem notar que estava nu, correu para atender à porta, e, ao abri-la, o entregador da pizzaria sorriu. João Vicente, então, percebeu que havia se esquecido de vestir-se, tamanho era seu cansaço. Ele apressou-se em esconder parte do corpo atrás da porta e receber o pedido que havia feito.

João Vicente fechou a porta por alguns segundos, vestiu rapidamente um roupão e retornou à porta do apartamento para pagar o entregador da pizzaria. Por fim, pediu desculpas pelo ocorrido, enquanto o rapaz se afastava sorrindo ao lado do jardineiro do prédio.

Após retornar ao apartamento, deu uma mordida voraz na pizza. Quando terminou de se alimentar, notou que havia deixado a sacola com a boneca em um canto da sala. Após retirá-la de lá, olhou bem para o brinquedo, que, em sua opinião, deveria ter sido incinerado há muito tempo em um depósito de lixo.

Por um momento, ficou penalizado com a criança que brincava com a mais feia das bonecas e disse:

— Pobre Eva Fontes! Que menininha infeliz deve ser você! Quanta pobreza você já enfrentou, garotinha? Que vida sem graça você tem levado sem o amor de sua mãe, que a abandonou em um lugar como aquele! Nenhuma criança merece crescer em um lugar vazio, escuro e que cheira à solidão e a desamor. Sei bem como é, pois passei por isso em minha infância. Também cresci em um orfanato, amargurando minha solidão. Hoje, quero provar a todos que não preciso de ninguém para ser um homem poderoso. Sinto muito, Eva, mas preciso levá-la para Teodoro. Não vou perder uma só moeda da fortuna que ele me pagará por esse trabalho.

Francisco analisou o comportamento de João Vicente e dava a ele o apoio para que realizasse sua tarefa. Aos olhos humanos, que ignoravam a trajetória da alma diante de seu aprendizado, esse auxílio poderia não ter lógica alguma. Francisco, no entanto, era um espírito que estava em um patamar evolutivo considerável na dimensão espiritual e sabia que Teodoro e Eva precisavam estabelecer uma ligação entre pai e filha. Era primordial ao aprendizado dos dois que esse encontro ocorresse.

Francisco acalmou o coração de João Vicente, que ficou acelerado quando ele se recordou de seu passado triste na orfandade. A energia em forma de bolas iluminadas descia do teto do apartamento e caía sobre a cabeça do advogado. Seu coração, então, foi se acalmando, e ele retornou ao seu equilíbrio, espreguiçando-se gostosamente depois de saborear a pizza e tomar uma cerveja bem gelada.

Quando retornou para o quarto, João Vicente jogou-se na cama, e o sono chegou rapidamente. Francisco enviou um amigo para conduzir o espírito do rapaz a um lugar de refazimento, onde ele colheria informações salutares para sua investigação sobre o paradeiro de Beatriz e Eva.

CAPÍTULO 12

Naquela manhã na Chapada dos Guimarães, a felicidade reinava dentro do chalé. Eva e Maria continuavam cantando as canções infantis que conheciam. A menina sentou-se na soleira da porta e desenhou com seus lápis coloridos no caderno que Beatriz retirara da van. As mulheres, agora com mais calma, haviam tirado o dia para continuar a faxina no chalé, esfregando cada pedacinho do chão ao teto.

No fim da tarde, quando a varanda ficou limpa, Maria levou algumas cadeiras e uma mesinha com tampo de vidro para lá. Eva adorou a ideia. A menina pegou uma almofada, a posicionou diante da mesa e lá se sentou com as perninhas cruzadas, colocando seu caderno sobre a mesinha.

O mato continuava alto na frente do chalé, o que deixava Beatriz um pouco apreensiva em permanecer na varanda com sua filha. Ela temia um ataque de onça pintada. A noite aproximava-se, e ela foi ficando mais apreensiva.

— Filha, vamos entrar? Quer ver o pôr do sol lá de cima da janela do quarto?

— Não, mamãe. O sol vai se pôr do lado oposto à janela do nosso quarto. Tia Silvana me ensinou que o sol nasce de um lado do céu e vai dormir do outro lado. Não tem como ver lá do quarto.

Francisca acompanhou o raciocínio de Eva e disse:

— Essa garotinha é bem esperta! Acho que você está com medo de ficar aqui fora. Tentarei convencer Eva a entrar.

— Querida, você pode me ajudar a colocar a mesa para o jantar? Estou muito cansada para carregar os talheres e os copos.

— Eu ajudo! Adoro colaborar na organização. Eu ajudava tia Silvana a colocar a mesa no orfanato. Não conte para ninguém, pois é um segredo que tenho com a tia Silvana. Ela me dava duas balas quando terminávamos de arrumar as mesas. As outras crianças não sabiam disso. Não tinha bala para distribuir para todos, mas eu dividia a minha com Milena.

— Você gosta muito de sua tia Silvana?

— Sim, ela é boazinha. Na hora de dormir, ela contava historinhas no quarto das meninas. Os meninos não ouviam historinhas no quarto deles. Eu não gosto de meninos; eles são chatos. Puxavam meu cabelo.

— Eles não são chatos, Eva. Meninos são frágeis e não querem demonstrar que sentem medo.

— Eles não têm medo de nada!

— Têm medo, sim, querida. Os meninos são educados para serem valentões, mas, de verdade, eles são mimados e frágeis. Não é verdade, Bia?

— Não consigo notar fragilidade nos meninos ou nos homens. Eles são duros e estúpidos. Covardes e insensíveis.

— Bia...! Dessa forma, você vai endurecer o coração de sua filha contra os homens.

— Eu jurei que nunca mais deixaria um homem me desrespeitar nesta vida. Quero que Eva aprenda desde já que homens são rudes e grosseiros.

— Nem todos os homens são como o pai de Eva! — disse Francisca, sem pensar no efeito que essa descoberta faria na mente da menina.

— Eu tenho um pai!? Mamãe nunca me falou dele... Como é meu pai?

— Um homem asqueroso e malvado que me separou de você. Você nunca chegará perto de Teodoro, querida. Vou protegê-la até o último dia de minha vida daquele monstro.

— Meu pai é um monstro?! Eu não gosto de monstros. Tia Silvana disse que eles se afastam quando oramos.

— Sua tia Silvana é uma sábia! — disse Francisca. Ela se aproximou da amiga e disse baixinho ao seu ouvido:

— Desculpe-me! Eu não deveria ter contado a Eva que ela tinha um pai. Não sei o que aconteceu comigo! De repente, isso se tornou uma obsessão em minha mente, e eu tive que tocar no assunto.

As três entraram no chalé e depararam-se com Maria parada diante de uma cadeira ao lado da lareira e dizendo:

— Eu confio em você.

— Mamãe, o espírito do meu pai está aqui?

— Estava, mas já retornou para o mundo dos espíritos. Ele disse que Teodoro está em busca da verdade.

— Ele nunca saberá a verdade! Aquele maldito!

— Não use o ódio quando se referir ao seu ex-marido, Bia. O ódio é uma força que cola. É como um visgo muito pegajoso. Está na hora do banho dessa pequena princesa.

Maria tentava tirar a atenção de Eva do semblante transtornado de Beatriz e disse:

— Filha, hoje você cuidará de nossa princesa. Leve-a para o banho e retorne com essa princesa com o seu mais belo traje para o jantar real.

— Vamos, majestade Eva. Seu banho a aguarda no banheiro real lá em cima.

Eva entrou na brincadeira das duas e disse:

— Desejo colocar o vestido cor-de-rosa, pois é de princesa, tia Fran.

— Seu desejo é uma ordem, princesa.

Quando Francisca desapareceu com Eva na parte superior da escada, Maria fez Beatriz sentar-se à mesa da cozinha. Ela segurou as mãos da amiga entre as suas e disse com voz branda:

— Acalme seu coração, querida. Nós não sabemos o que pode acontecer no futuro. Se o destino decidir que deve unir pai e filha... assim será feito.

— Eu jamais deixarei que Teodoro cometa suas maldades contra Eva! O destino não conseguirá ludibriar uma mãe protetora como eu! Sou capaz de matar qualquer um que tente levar Eva para longe de mim. Viro uma fera para defender minha filha!

— Respire fundo e solte o ar lentamente. Não existe perigo algum neste momento, querida. Está tudo bem. Teodoro está muito longe daqui. Francisco me disse que ele já sabe da existência de sua filha e que somente a hipótese de Eva ser sangue do seu sangue já diminuiu um pouco a animosidade de Teodoro. Os espíritos desejam abrandar o coração duro de seu ex-marido, que tem sofrido sem o seu amor!

— Pouco me importa se Teodoro continua ou não a ser um monstro insensível. Nunca mais quero vê-lo! Aliás, dele eu só desejo uma coisa: distância!

— Compreendo seu medo de enfrentá-lo, mas um dia vocês ficarão um diante do outro e terão que entrar em um acordo. Tudo o que os espíritos desejam é que a paz seja restabelecida entre vocês.

— Não estou gostando desse assunto, Maria. Os espíritos conhecem a verdade e sabem o que passei nas≈mãos dele. Não tenho de perdoá-lo! Eu o odeio com todas as minhas forças, pois ele me fez viver longe de minha filha! Por causa de Teodoro, fui obrigada a colocá-la naquele orfanato. Não... ele não merece meu perdão. Quero que ele morra sozinho! Mesmo com tanto dinheiro, ele nunca será feliz!

— Nesse ponto, você tem razão. Teodoro nunca foi feliz, e o dinheiro o fez perder o equilíbrio e a razão. Ele acabou cometendo os mesmos erros de vidas anteriores.

Beatriz notou que Maria estava com a voz diferente, e em seu olhar havia um brilho que não era possível ignorar. Beatriz perguntou:

— Estou me comunicando com um espírito através de Maria?

— Não quero assustá-la, Beatriz. Sou Francisco, pai de sua amiga Fran. Não tenha medo. Às vezes, me comunico com elas através da sensibilidade mediúnica de Maria.

— Não estava pronta para me comunicar com um espírito!

— Não tenha medo. Quero apenas que aprenda uma lição que você precisa para seu desenvolvimento evolutivo. Não cultive o ódio, Beatriz. Esse sentimento é o avesso do amor. Eu afirmo que o ódio é o amor que enlouqueceu. Busque no fundo de seu ser e descobrirá que ainda resta um sentimento bom por seu ex-marido. Estou ciente de que um dia você o amou e ainda ama.

— Concordo com você. Meu amor por Teodoro se transformou em puro ódio! Não restou uma gota sequer do sentimento bonito que um dia nutri por ele. Eu nunca o traí com Arthur! Nunca!

— Não precisa se explicar. Como espírito, eu tenho acesso à verdade e posso lhe garantir que conheço bem a trajetória dos três em busca de reconciliação. Querida, o que você precisa compreender é que ninguém evolui estando em conflito com seu irmão. Teodoro foi posto à prova e acabou caindo no mesmo erro de outrora.

— Não sei o que aconteceu no passado daquele... isso não me interessa. Só desejo criar minha filha em paz. Quero Teodoro longe de minha vida para sempre. Se um dia tiver de ficar frente a frente com ele, juro que não responderei por minhas atitudes. Uma pessoa cruel como ele merece sofrer para aprender a respeitar as pessoas. Quero ver aquele monstro apodrecer no inferno!

— Não seja tão rigorosa em seu julgamento. Você não tem acesso a toda a verdade nesta existência terrena. Não sabe, portanto, dos percalços que ele atravessou. Essa experiência terrena não define sua trajetória como espírito.

— Eu vejo tanto amor em você, mas qualquer coisa que me fale a respeito de Teodoro... não será capaz de me demover do que sinto por ele. Eu o amei, amei muito e infelizmente ainda amo... e confesso que sinto saudades dele. Eu vivia feliz ao lado do meu marido, apesar do ciúme que ele sentia. Quando Arthur retornou do passado, eu não tive tempo de falar com Teodoro a respeito disso, mas eu sabia que Arthur precisava daquele emprego. Eu juro que contaria a Teodoro que já o conhecia, mas não houve tempo para isso...

"Teodoro estava viajando havia vinte e cinco dias, e eu não desejava falar sobre esse assunto com ele por celular. No dia em que ele regressou dessa longa viagem de trabalho, eu recebi o resultado do teste de gravidez. Estava tão ansiosa para contar a Teodoro que teríamos um filho... Saí do quarto, desci a escada e fui direto para a garagem para pegar meu carro e seguir para o escritório dele. Arthur estava na garagem limpando o carro, e eu estava tão feliz com a novidade de ser mãe! Eu e Teodoro estávamos casados havia dois anos e tentávamos essa gestação havia sete meses. Eu estava radiante de felicidade! Mas, assim que saímos da mansão, na primeira curva, o freio do carro falhou, e Arthur não me disse nada. Até que...

"Foi horrível, Francisco! Foi horrível quando acordei naquele hospital e descobri que Teodoro havia tentado me matar! Uma moça estava no quarto quando acordei e me disse que Teodoro havia mandado alguém sabotar meu carro. Ela jurou que meu marido estava louco de raiva por descobrir meu caso com Arthur! Foi ela quem me contou que Arthur havia morrido. Fiquei com tanto medo quando soube que Teodoro tinha tentado me matar e que havia matado o motorista! Fiquei tão decepcionada e assustada que resolvi aceitar o conselho daquela moça e fugir! Eu estava com um corte no pescoço, com muitos pontos e sentia dores no corpo todo, mas tomei coragem e desapareci da vida dele. Eu precisava proteger meu bebê da fúria de Teodoro!

"Quando o médico me disse que eu ainda seria mãe, que eu não havia perdido a criança, me emocionei muito e agradeci a Deus por ser mãe depois daquele acidente. Eu implorei ao médico que não contasse a ninguém que eu continuava grávida, pois temia que Teodoro, enlouquecido de ciúme, fosse capaz de ferir meu bebê, imaginando que a criança pudesse ser filha de Arthur. Eu conhecia bem o ciúme que meu marido sentia. Rapidamente, as perseguições começaram, e eu fiz o que pude para manter Eva em segurança, pagando, assim, o preço de não ver minha filha crescer. Agora, preciso encontrar um bom esconderijo para nós duas, pois não poderemos ficar aqui para sempre. Eu odeio Teodoro!"

— Não conserve mágoas, Beatriz, pois isso vai prejudicá-la em um futuro próximo. Esse sentimento negativo entra no seu campo áurico e contamina seu corpo físico, o que pode desencadear doenças graves. É como se você guardasse farpas espetadas em seus órgãos vitais. Um dia, eclodem nódulos, que é a mágoa concentrada manifestando-se em forma de doença. Limpe seu corpo e seu campo áurico. Purifique-se. Você está cercada pela natureza do lado de fora deste chalé. Siga as orientações de Maria e pode ter certeza de que sua vida tomará outro rumo. Chegou a hora de conhecer como a vida funciona. Dê a si mesma essa oportunidade de aprender. Não perca tempo com o medo que você deixou se instalar em sua mente. Liberte-se!

Maria respirou fundo quando Francisco se afastou energeticamente da mente dela, enquanto Beatriz deixava as lágrimas rolarem livremente por sua face. Maria, então, a abraçou e acariciou seus cabelos maternalmente.

As duas permaneceram abraçadas, e Beatriz desejou nunca mais sair daquele abraço. Estava tão cansada dos maus-tratos da vida de fugitiva que acabou esquecendo como era bom receber um abraço maternal repleto de amor.

Maria perguntou:

— Onde você se escondeu para ter essa criança?

— Eu tinha minhas economias no banco, Maria. Foi assim que fui parar em São Paulo. Fiquei um tempo no apartamento de minha irmã Elizabete, mas Teodoro esteve lá. Tive tanto medo... Ouvi a conversa áspera que ele teve com a Bete, por isso fiz minha mala no dia seguinte e parti para Campinas. Lá, aluguei um apartamento pequeno, e foi naquela cidade que Eva nasceu. Eu sabia que Teodoro estava à minha procura, então, precisava deixar Eva em um lugar seguro... Procurei orfanatos na internet e encontrei esse que era bem distante. Tive de deixar minha filha com menos de um mês de nascida naquele lugar e morri por dentro! A única coisa que carreguei do passado foi a caixinha de música que estava na minha bolsa. Eu faria uma surpresa para Teodoro, colocando o exame de gravidez dentro dela para que ele encontrasse o resultado. No momento do acidente, eu estava segurando o papel nas mãos, por essa razão tinha certeza de que Teodoro havia recebido esse exame e sabia que eu estava grávida. A gestação contava seis semanas.

CAPÍTULO 13

Naquela mesma tarde, João Vicente foi ao edifício onde Francisca morava. Um de seus informantes havia dito que ela estava de férias do trabalho.

O advogado chamou o porteiro e perguntou:

— Poderia avisar que João Vicente de Medeiros deseja falar com Francisca Alencar?

— Sinto muito, senhor, mas Francisca e dona Maria saíram de férias.

— Não pode ser! Elas falaram para onde foram? Tenho que falar com elas, pois é caso de vida ou morte!

— O senhor é parente delas?

— Sou primo de Maria, a mãe da Francisca. Trago uma triste notícia para minha prima. Uma irmã está no leito de morte e deseja pedir perdão a ela. No passado, elas brigaram, e essa irmã desejava estar em paz para encontrar com a morte.

João Vicente era muito convincente quando desejava e atuava como o melhor dos atores. Inácio ficou comovido com a tristeza que notou no primo de Maria e chamou a esposa, que era amiga de Maria. Pouco depois,

Karina aproximou-se do portão principal do edifício, ouviu o mesmo texto que seu marido ouvira e disse:

— Sinto muito por sua parenta, mas realmente não sei onde elas foram passar as férias.

— A senhora saberia me informar se elas têm alguma casa de veraneio ou um sítio nas montanhas? Eu precisava de uma pista apenas. É caso de vida ou morte na minha família. Por favor, tente se lembrar de algum comentário que elas fizeram.

— Casa na montanha! Recordo-me de que elas são proprietárias de um chalé.

— Onde fica esse chalé?

— Estou tentando me lembrar. Fica em um lugar onde formaram um parque florestal nos anos 1980. Chapada...

— Chapada dos Veadeiros, em Goiás? Ou seria a Chapada Diamantina, na Bahia?

— Não ficava na Bahia! Tenho certeza de que ficava no Mato Grosso... Recordo-me de que o falecido Francisco contava que um dia uma onça atacou seu cachorro...

Karina virou-se para o marido e perguntou:

— Você se lembra dessa história que o finado Francisco contava, Inácio?

— Recordo-me como se ele estivesse aqui na minha frente. O finado Francisco era bom para narrar esses "causos". Lembra-se daquela história que ele contou sobre o menino que surgiu de repente e indicou a ele onde estava o maior peixe do rio?

— Como esquecer?! Ele até me mostrou uma foto daquela pescaria. O peixe era muito grande, e ele posou para a foto com um sorriso largo.

João Vicente muniu-se de toda a sua paciência para tentar obter a informação de que precisava e perguntou:

— É verdade! Eu mesmo vi essa foto. Francisco gostava muito de pescar. Lembro-me de que ele adorava pescar no pantanal.

— Claro! Karina, me recordei da localização do chalé do finado Francisco. Esse chalé fica na chapada... chapada... Não me recordo do nome do lugar, mas tenho certeza de que fica no Mato Grosso.

João Vicente, muito astuto, respondeu rapidamente:

— Você está falando da Chapada dos Guimarães! Essa se localiza no estado do Mato Grosso.

— É esse o nome do lugar! Chapada dos Guimarães! O finado Francisco adorava aquele lugar. Maria e a filha não retornaram ao chalé depois que o marido morreu, por isso acredito que sua prima não esteja lá.

— Maria deve ter vendido o chalé... — João Vicente tentava colher mais informações.

— Eu tenho certeza de que Maria não vendeu o chalé, pois outro dia ela comentou que gostaria de reformá-lo e passar uma boa temporada longe do Rio de Janeiro.

— Então, é provável que ela ido para lá nestas férias com a filha — insistiu João Vicente.

— Penso que não devem estar lá. Francisca é gerente de um hotel luxuoso na orla e tem contato nesse meio. Ela não deixaria de passar uma temporada em um luxuoso hotel cinco estrelas para ficar no meio do mato sem conforto! As duas devem ter saído do Brasil e estar em um hotel no Caribe ou em algum lugar parecido.

— Inácio, Maria não tem dinheiro para fazer uma viagem como essa! Esqueceu que Maria é motorista de van escolar? — disse Karina sorrindo.

João Vicente imediatamente recordou-se do que estava escrito no relatório do segurança de Teodoro: uma van escolar saiu da garagem do prédio naquela noite e não retornou mais. Ele perguntou:

— No edifício há mais moradores que trabalham com van escolar?

— Eu trabalho com van escolar — respondeu Karina. — Por que pergunta?

— Curiosidade apenas. Eu preciso encontrar minha prima. Se tiverem notícias dela, podem ligar para este número?

João Vicente entregou um cartão de visitas nas mãos de Karina e agradeceu dizendo:

— Obrigado pela atenção dos dois. Tenham uma ótima tarde.

Karina estava desconfiada de João Vicente, que parecia estar nervoso e, quando ele se afastou, ela disse ao marido:

— Esse camarada não me engana. Maria não tem nenhuma irmã. Ela me disse que era filha única e que os pais faleceram há muito tempo.

— Tem certeza de que ele estava mentindo? Não me pareceu que mentia! Até encontrei nele uma semelhança física com Francisca. Deve ser parente, sim.

— Não sei, não! Acho que erramos em contar para ele sobre o chalé no Mato Grosso.

— Não fique preocupada, mulher! Maria e Francisca são mulheres fortes e sabem se defender de um tipo como esse, todo engravatado.

— Espero que você esteja certo. Se esse almofadinha prejudicar minhas amigas de alguma forma, eu me sentirei culpada.

— Bobagem, Karina! Agora volte para casa. Nossa filha não pode ficar sozinha. Esse homem seria incapaz de fazer mal a uma mosca.

Karina saiu da portaria e retornou para o seu apartamento. Ela continuou a olhar para o cartão de visitas de João Vicente e disse:

— Não se atreva a me decepcionar, seu advogadinho safado! Eu chamarei a polícia, e você terá de se entender com os policiais.

João Vicente entrou em seu carro e apressou-se em buscar o endereço do cartório de imóveis mais próximo do edifício onde Maria morava. Ele estava com todos os dados da família de Francisca Alencar nas mãos.

Após entrar no cartório, o advogado pediu para ver o registro do imóvel localizado na Chapada dos Guimarães e o informaram de que o registro seria facilmente encontrado no órgão regional que administrava o parque nacional. Desanimado por não obter informações conclusivas, João Vicente deixou o cartório e retornou para seu apartamento para fazer as malas. Precisava seguir a pista do paradeiro de Beatriz.

Depois de tomar um banho quente e fazer um lanche rápido, João Vicente ligou para Teodoro, passou as últimas informações que obtivera do caso de Beatriz e terminou dizendo:

— Eu marquei o voo para a primeira hora do dia. Não se preocupe, chefe. Eu trarei Beatriz e a criança de volta ao Rio de Janeiro o mais rápido possível.

— Mude seus planos. Não quero que se aproxime de minha mulher. Quando encontrar o endereço das sequestradoras de criança, não faça nada. Avise-me imediatamente. Eu mandarei uma equipe especializada para resgatar a criança. Quero dar um grande susto em todas elas. O valor que prometi será depositado em sua conta.

— Chefe, o valor depositado deve ser maior do que combinamos, pois estou tendo despesas extras nessa busca.

Do outro lado da linha, Teodoro caiu na gargalhada e desligou o telefone. Ele pensou: "O dinheiro compra qualquer pessoa! Quem diria que esse advogado se venderia por migalhas?".

Francisco analisava os movimentos de Teodoro e lamentava por ele continuar com seu plano de vingança contra Beatriz.

CAPÍTULO 14

Naquele dia longo e cansativo, Maria seguiu até a estradinha de terra que levava a um pequeno vilarejo e contratou dois homens para retirar o mato de seu terreno. Ela ficou feliz ao reencontrar algumas pessoas que conhecera no passado, quando ela e Francisco passavam longas temporadas no chalé. A maioria dos moradores antigos continuava vivendo na região.

Joana era a dona de uma vendinha no vilarejo e ainda usava o sistema de caderneta para anotar os gastos de quem comprava fiado. Quando Maria atravessou a porta de entrada do estabelecimento comercial, a mulher abriu um sorriso e foi ao seu encontro dizendo:

— Eu sabia que um dia você retornaria a essas bandas! Como está, minha amiga? Que bons ventos a trouxeram de volta à chapada?

— O vento da saudade trouxe-me de volta! Nesses vinte e cinco anos que a conheço, você não envelheceu um só dia! Como pode estar igual?! O tempo não passa neste lugar especial?

— Obrigada pelo elogio! O tempo realmente caminha lentamente aqui, Maria! A magia deste lugar continua forte.

— Agora tenho certeza de que essa magia é poderosa. A energia positiva jorra com abundância deste solo e também está no ar que respiramos aqui.

— Vejo que aproveitou bem as nossas aulas de como a vida funciona. E como estão seu marido e sua filha?

Uma leve tristeza transpareceu no olhar de Maria, logo notada por Joana, que possuía sensibilidade apurada. Ela percebeu, fez a leitura energética de sua amiga e disse:

— Não precisa me contar nada. Pude ler em seu campo áurico o que aconteceu. Francisco foi viver em outra dimensão e deixou em seu campo áurico a chama do amor que os une. Vocês são o que eu chamo de almas gêmeas. Sei que sente falta dele fisicamente ao seu lado, mas isso é passageiro. Ele está ligado a você, Maria.

— Eu sinto a presença de Francisco sempre que preciso de um conselho ou de uma palavra de carinho. Nós temos um canal aberto na comunicação telepática, e agradeço a você por esse canal se abrir! Foram boas as aulas práticas que tivemos, minha amiga.

— Abrir esse canal dependeu unicamente do seu mérito, e fico feliz que ele continue aberto para os bons amigos de outra dimensão. Senti que está preocupada com alguém. Sabe que não adianta esconder nada de minha sensibilidade extrafísica, Maria, não sabe? Há uma moça e uma criança em sua mente que estão correndo sério risco.

— Podemos conversar em um lugar mais reservado sobre esse assunto?

— Claro! Venha comigo.

Maria seguiu Joana a uma saleta na parte de trás do armazém. A anfitriã acomodou a amiga ao seu lado em almofadas macias sobre um tapete de pelo alto e de cor branca. A sala estava repleta de cristais, e poucos móveis adornavam o lugar. A luz que entrava pela janela batia nos cristais e refletia-se em diversos pontos da sala. Maria acomodou-se e respirou gostosamente naquele ambiente muito familiar para ela.

— Que saudade eu estava deste seu refúgio adorável! Tenho boas recordações desta sala maravilhosa. Foi aqui que aprendi a viver. Posso até afirmar que renasci nesta sala.

— Muitas pessoas renasceram nesta sala, Maria. Adoro ensinar as pessoas que se interessam em aprender sobre a melhor forma de se viver nesta experiência terrena.

Joana calou-se por alguns instantes e disse em seguida:

— Francisco veio nos fazer companhia. Está sentindo a presença dele?

— Sinto com todas as fibras do meu coração. Meu amado traz ao meu corpo físico a sensação de leveza, e meu coração bate feliz na presença dele. Ele quer que lhe conte o que vim fazer aqui, na chapada.

— Estou com a mente aberta para ouvi-la, Maria. Só não desejo ver em você preocupações desnecessárias. Pode me dizer de que adianta carregar essa carga sobressalente no chacra cardíaco? Sei que você é uma mulher que desenvolveu a amorosidade pelo seu próximo, mas não se esqueça de que a única pessoa que pode resolver o problema é quem o carrega. Você pode, com sua amorosidade extrema, ajudar e acolher as pessoas, mas é somente isso que pode fazer. Solte esse fardo aqui e me diga o que a está afligindo.

Maria contou tudo o que aconteceu até chegar à chapada e terminou dizendo:

— Francisco e eu estamos ligados a essa história de alguma forma. Eu ainda não compreendi bem, mas esse caso mexeu comigo de uma forma assustadora. Beatriz se mostrou frágil e muito abalada quando foi descoberta pelo ex-marido. Eu temo que ele use de violência contra ela e a filha.

— Nesse caso, temos de esconder essa criança. Não podemos permitir que esse irmão, ainda perdido no ego, se comprometa ainda mais com os senhores do karma. Sei que esse homem deveria atravessar esses desafios sem grandes dificuldades, pois tem toda a capacidade de agir de uma forma mais alinhada ao seu nível de evolução. Francisco também esperava que seu pupilo agisse civilizadamente com a moça que você protege. O que saiu errado nessa história? Nós precisamos descobrir — disse Joana.

— Francisco está dizendo que o ego do empresário se revelou dessa forma, pois ele teve novamente o poder financeiro ao seu dispor, assumindo, assim, uma posição de superioridade perante seus irmãos. Francisco afirma que o homem atravessa um grande desafio nessa experiência terrena. Em muitos casos, a pessoa se compromete muito com os senhores do karma.

— Fui testemunha de casos em que o espírito se perdeu de uma forma desastrosa no caminho evolutivo. Nosso estágio neste planeta está em solucionar os problemas que tivemos no passado. Nós temos o dever de provar a nós mesmos que somos capazes de usar em nossa jornada evolutiva a amorosidade, e não o ego exacerbado, que nos leva ao fundo do poço. Temos que ajudar esse homem a despertar o coração dele para o amor. Dessa forma, conseguiremos ajudar essa moça e a criança.

— Francisco afirmou que Teodoro é um homem bom, mas, francamente, eu duvido dessa afirmação. Como ele pode carregar bondade no coração, se mandou matar a esposa e o motorista?

— Não nos cabe julgar, Maria.

— Tenho consciência de que não devo julgar ninguém, mas, nesse caso, tenho meus questionamentos sobre o nível evolutivo desse homem. Pobre Beatriz!

— Ela tem medo do ex-marido, mesmo sabendo que o medo é uma porta aberta para atrair exatamente o que se teme. Maria, parece que desaprendeu tudo o que sabe sobre sentimentos. Essa é uma lição que a moça precisa aprender. Ela tem de esquecer o medo e vibrar positividade. A valentia é uma energia positiva de grande valor. Ela precisará enfrentar o que teme para perder o medo.

— Então, Beatriz não deveria ter se escondido do ex-marido? Em sua opinião, ela deveria ter enfrentando Teodoro?

— Como paramos de temer algo?

— Enfrentando o que tememos.

— Aí está sua resposta.

— Mas, Joana, existe no meio dessa desavença uma criança inocente! Você precisa ver como Eva é sensível e adorável.

— Não estou afirmando que a mãe não deva se proteger do ex-marido. O que estou dizendo é: para solucionar esse problema familiar, os três terão de estar juntos e conversar. A vida espera uma atitude positiva das pessoas.

— Não posso permitir que Beatriz e Eva fiquem diante de Teodoro. Elas serão massacradas por ele.

— Você não ter a certeza de que ele usará de violência contra elas, minha amiga. Não o julgue! Estou lendo o campo áurico dele, e o que posso lhe dizer é que precisamos dar a ele um voto de confiança. A vida pede isso, Maria.

— Eu confio em você, minha amiga, afinal, tudo o que sei eu aprendi com minha mestra Joana. Vibre por nós, pois minha filha também está envolvida nessa história.

— Francisca se tornou uma grande mulher! Tenho certeza de que ela teve bons valores nos quais se espelhar.

— Ela se tornou uma mulher maravilhosa. É carinhosa, sagaz e muito lúcida em tudo o que faz.

— Se posso lhe dar um conselho... use sua melhor arma, Maria. O amor grandioso que tem em seu coração! Se precisar, estarei aqui vibrando positivamente por todos os envolvidos neste karma. Desejo do fundo do coração que isso se torne um darma.

Maria abraçou Joana com carinho, levantou-se e saiu daquele ambiente acolhedor com a amiga. Antes de chegarem à rua, Joana informou à amiga que Antônia desencarnara havia cinco anos e que os filhos dela deixaram a chapada, depois de venderem o sítio para pagarem uma dívida. Contou também que o casal que comprara o sítio montou uma pousada que está sempre repleta de turistas. Maria agradeceu a atenção e despediu-se. Ligou a van e tomou o caminho de volta ao chalé.

A noite havia descido pelo caminho estreito da estradinha que levava até as terras de Maria. No caminho, ela avistou um grupo de pessoas que carregavam mochilas nas costas. Elas pareciam muito cansadas. Maria parou a van e perguntou:

— Desejam uma carona?

Uma mulher, que carregava uma criança nos ombros, disse:

— Por favor, estamos perdidos nesta mata há horas. Nós não conseguimos encontrar a pousada onde estamos hospedados.

— Sabem o nome do lugar?

— Pousada dos Guimarães. A senhora conhece?

— Não, mas tenho uma noção de onde fica. Entrem. É perigoso caminhar após o entardecer por essa estrada. Muitos animais daqui gostam de caçar à noite.

— Existem onças na região! Foi Deus quem mandou a senhora com esse carro grande, onde cabe todo o grupo — disse um senhor de meia-idade.

Maria retornou ao vilarejo e pediu ajuda a um amigo que conhecia toda a região. Ele, então, a acompanhou até o sítio que havia sido de Antônia. Para o espanto de Maria, a entrada da pousada ficava do lado oposto ao que ela estava acostumada. Uma nova rua fora criada, com uma bela entrada para os turistas. E Maria pensou: "Foi por essa razão que a antiga casa de Antônia parecia estar abandonada".

Maria desembarcou o grupo de turistas na pousada e retornou ao vilarejo para deixar o amigo. A noite havia coberto o céu com seu manto escuro, e a lua cheia conferia um brilho encantador à Chapada dos Guimarães. Ela retornou pelo mesmo caminho, apreciando a beleza do luar prateado que emoldurava a silhueta das árvores.

Francisca e Beatriz estavam nervosas, aguardando o retorno de Maria. Quando ouviram o som de um carro se aproximando do chalé, correram para iluminar o caminho para Maria entrar na casa. Depois de fecharem a porta do chalé e se certificarem de que todas estavam bem, elas ficaram aliviadas.

CAPÍTULO 15

Naquela noite, João Vicente dormiu tranquilamente, pois estava muito cansado das atividades do dia anterior. Às cinco horas da manhã, o celular do advogado tocou. Ele, então, vestiu-se rapidamente, preparou um café forte, tomou alguns goles e deu duas mordidas em uma torrada. Apanhou uma pequena mala que já estava preparada no quarto e saiu apressado de seu apartamento.

Chegando à rua, entrou em um carro que pertencia a Teodoro. O motorista, que já o aguardava havia alguns minutos, deu a partida no veículo dizendo:

— Bom dia, doutor. Tenho ordens de seguir direto para o aeroporto. O jatinho do chefe o aguarda e está pronto para decolar.

Diante da impaciência estampada no rosto do motorista, João Vicente não vislumbrou no rapaz ares de bons amigos, então preferiu permanecer em silêncio.

Finalmente, o carro estacionou diante do jatinho, e João Vicente apressou-se em subir na aeronave. Ao contrário do motorista do carro, o piloto do jatinho o aguardava com um sorriso agradável e disse:

— Bom dia, senhor.

— Bom dia.

— Hoje, faremos uma ótima viagem. Teremos um céu de brigadeiro durante todo o nosso trajeto.

— Que bom.

— Tome o seu assento. Nossa comissária de bordo lhe servirá um apetitoso café da manhã.

— Estou realmente faminto. Não tive tempo de me alimentar corretamente. Pode me dizer onde pousaremos?

— Pousaremos no aeroporto de Cuiabá. Tranquilize-se, pois nosso chefe já providenciou seu traslado até a Chapada dos Guimarães. Lá haverá um veículo à sua disposição.

— Obrigado pela informação.

O piloto entrou na cabine de comando do jatinho, dando início a uma aventura inesquecível para João Vicente.

Algumas horas depois, João Vicente assumia a direção do automóvel alugado que estava à sua espera dentro do parque florestal. Não havia sinal de celular, então o advogado pegou um mapa no porta-luvas do veículo e buscou nele um vilarejo. O local ficava próximo aos sítios que pertenciam a moradores que estavam ali antes de a Chapada dos Guimarães se tornar um grande parque florestal.

Não foi difícil para João Vicente encontrar o pequeno comércio de Joana. Ele andou pelo vilarejo perguntando sobre Maria e Francisca Alencar. Por não conhecerem o forasteiro, ninguém mostrava a direção do sítio de Maria.

Foi preciso que Francisco entrasse em contato extrafísico com Joana para que ela interceptasse o turista e mostrasse a direção do sítio da família Alencar.

Depois de executar a tarefa, Joana retornou à sala de meditação e questionou Francisco:

— Eu realmente não compreendo por que me fez esse pedido estranho, Francisco. Não percebeu que desta forma colocamos todos em risco no chalé? Espero do fundo do meu coração que você saiba o que está fazendo com minha amiga!

Francisco respondeu telepaticamente:

"Os caminhos que a vida toma, muitas vezes, são desconfortáveis e incompreendidos pela mente humana, Joana, mas é necessário enfrentar os desafios da vida com resignação e esperança em um amanhecer reluzente. O sol brilhará na vida de todos os envolvidos. Eu lhe garanto, minha amiga."

— Espero ver esse sol brilhando positivamente na vida daquela criança e de todos os envolvidos nessa história ou você se verá comigo, Francisco Alencar!

Ele sorriu ao receber a ameaça de Joana e depois se despediu da amiga, para, assim, acompanhar a investigação de João Vicente.

Ao chegar à entrada do sítio, João Vicente não conseguiu avistar o chalé. Ele notou um movimento estranho no mato alto que encobria sua visão e ficou um tempo parado diante da porteira. Permaneceu ali até que um rapaz, que carregava um cortador de grama, derrubou os últimos obstáculos que existiam entre ele e o chalé.

João Vicente viu, então, uma menininha vestida de cor-de-rosa claro brincando na varanda. "É ela!", pensou. O advogado sentiu vontade de entrar no sítio e carregar Eva para longe dali, mas precisava ser mais cauteloso. Não tinha certeza de quantos homens estavam ali cortando o mato. Se a garotinha gritasse, ele não teria a menor chance.

João Vicente decidiu se esconder próximo ao chalé, mas em um ponto em que não fosse visto, e seguiu até o final da rua de terra batida. Foi aí que ele encontrou a entrada de uma caverna. Antes de explorar o lugar, o advogado passou suas coordenadas para Teodoro e deixou uma mensagem escrita no celular, dizendo: "Ela estava brincando na varanda". João Vicente enviou para o chefe algumas fotos que tirara de Eva à grande distância. Francisco ajudo-o nessa tarefa. Para o advogado, era um verdadeiro milagre encontrar sinal no celular dentro do parque florestal.

Quando recebeu a mensagem, Teodoro não esperou a reunião com a diretoria da empresa terminar. Interrompeu o compromisso, dando ordens para que os sócios saíssem da sala de reuniões. Depois, ligou para João Vicente, mas, novamente, o celular do advogado ficara sem sinal. Ele havia começado a explorar a caverna e não notou a profundidade que tinha descido. João Vicente estava diante de um espelho d'água cristalina, e tudo ao seu redor parecia reluzir em contato com a luz do sol, que entrava por uma abertura no teto. O advogado estava maravilhado com a beleza do lugar.

João Vicente não percebeu que uma rocha estava solta e dava sinais de que rolaria em sua direção. O rapaz abaixou-se para matar a sede, e tudo aconteceu muito rápido. A rocha, que deveria pesar cerca de dez toneladas, soltou-se e rolou diretamente sobre o corpo do advogado. Ele não teve tempo de reagir; o peso da rocha prendeu-o, mantendo-o submerso no belo lago de água cristalina. O advogado não havia notado as placas que sinalizavam perigo em todo o percurso até chegar ao lago. Nesta grande rocha estava escrito perigo em letras garrafais.

O espírito de João Vicente saiu da água muito assustado e tentou deixar a caverna apressadamente, mas algo no ar o impedia de sair.

Atônito, ele não compreendia o que estava acontecendo. João Vicente tentou de todas as formas sair da caverna, mas não conseguiu. O advogado ainda não havia notado que seu corpo físico estava submerso, preso por aquela grande rocha e, assim, ele permaneceu na caverna ao lado do sítio da família Alencar.

Assim que obteve as coordenadas do esconderijo de Beatriz e de sua filha, Teodoro deu ordens aos seus melhores seguranças para invadirem o lugar e sequestrarem a criança.

Não demorou muito para isso ocorrer. No escuro da noite, cinco homens armados arrombaram silenciosamente a porta do chalé, entraram e conferiram rapidamente se havia alguém na parte de baixo da casa. Depois, subiram a escada e foram abrindo as portas dos quartos. Assim que foram localizadas, as três mulheres foram rendidas e trancadas no banheiro na parte superior do chalé. Beatriz tentou segurar a filha nos braços, mas os homens arrancaram a menina da mãe, apontando uma arma para as costas de Eva. Por fim, eles partiram, enquanto a menina gritava pela mãe.

Tudo aconteceu tão rápido que elas não tiveram como reagir. As três mulheres ouviram o motor do carro afastando-se e o som de um helicóptero, que fez questão de sobrevoar o chalé, arrancando parte do telhado. Aos poucos, o som foi ficando cada vez mais fraco até desaparecer, e o silêncio retornar à casa, trazendo os soluços do choro descompassado de Beatriz. Aos prantos, ela dizia:

— Foi ele! Foi aquele maldito que levou minha filhinha! Maldito!

Teodoro deu ordem para seus homens levarem a criança direto a um laboratório, para que fosse colhido o material para o exame de DNA. Ele aguardava em outra sala, onde foi colhida uma amostra de sua saliva.

Edilene, a governanta da casa de Teodoro, ficou encarregada de levar Eva até a mansão dos Davillas. Ao entrar na sala do laboratório onde estava a garotinha assustada, Edilene penalizou-se em ver o quanto aquela criança estava assustada. Ela aproximou-se de Eva e disse:

— Não estou aqui para lhe fazer mal. Eu a levarei para casa e cuidarei de você com carinho. Qual é seu nome?

— Você será minha nova mamãe?

— Não. Serei sua amiga e protetora até sua mamãe poder levá-la com ela novamente.

— Você conhece minha mamãe?

— Conheço. O nome dela é Beatriz. Ela tem os cabelos claros e os olhos dela são azuis como os seus.

— Mamãe tem os olhos azuis, mas os meus têm um tom de azul diferente do dela.

— É verdade. Beatriz tem nos olhos um brilho encantador. E os seus olhos parecem duas pedrinhas de safira.

— Você vai me levar até minha mamãe?

— Não posso fazer isso, mas tenho certeza de que Beatriz virá encontrá-la em nossa casa. Venha comigo! Você deve estar faminta!

— Eu estou enjoada! Vomitei naquele helicóptero. Não gostei da aventura.

— Você não terá que voar de helicóptero novamente. Estou de carro e a levarei com segurança até minha casa. Você vai gostar de lá, É uma casa bem grande. Temos um jardim lindo, que cerca toda a mansão.

— O que é uma mansão?

— É uma casa com muitos quartos e muitas salas.

— Não tem cozinha?

— Temos duas cozinhas.

— Estou apertada. Posso fazer xixi no banheiro da mansão?

Edilene sorriu e disse:

— Você pode usar o banheiro que fica ali naquela porta. Posso acompanhá-la, se desejar.

— Não precisa. Tenho quatro anos; já sei usar o banheiro. Minha tia Silvana me ensinou direitinho.

— Quem é essa tia que eu não conheço?

— A tia Silvana cuida de todas as crianças do orfanato.

— Orfanato?!

— Sim. Eu morava com minha tia Silvana e minhas amigas e meus amigos. Você conhece a Milena?

— Não.

— Ela é minha melhor amiga. Não conte para ninguém... Milena tem medo de ir ao banheiro durante a noite. Ela me acorda para acompanhá-la para fazer xixi.

— Não contarei nada para ninguém, prometo. Você sabe guardar segredo?

— Eu sei. Não conto nada para ninguém.

— Eu também tenho medo de ir ao banheiro sozinha. Você pode me fazer companhia? — mentiu Edilene para deixar Eva mais à vontade.

— Vamos, eu estou apertada também. Não precisa ter medo. Eu espanto o bicho-papão.

— Obrigada.

Edilene tirou Eva de cima da maca e colocou-a no chão. Ela segurou a mão fria e trêmula da garotinha entre as suas, e a duas seguiram até o corredor.

Teodoro estava saindo da sala em que estava colhendo o material genético e viu Eva atravessando o corredor.

Os batimentos do seu coração aceleraram. Ao vê-la, ele encontrou em Eva semelhanças com ele e com a mãe. A menina possuía muitos traços de Beatriz, o que não deixava dúvidas de que era filha de sua ex-esposa. Teodoro, então, sentiu vontade de se apresentar a Eva, pois algo naquela criança tocara fundo em seu coração. Ele, contudo, decidiu esperar o resultado do exame de DNA para comprovar a paternidade. Não admitiria a presença daquela menina em sua casa, se descobrisse que ela era filha de Arthur.

Ao pensar nessa hipótese, Teodoro cerrou os punhos e teve vontade de socar o maldito motorista que roubara dele o amor de Beatriz.

Transtornado, ele apressou-se em sair do laboratório. Ainda era madrugada quando os dois carros partiram ao mesmo tempo do estacionamento do laboratório em direção a um bairro luxuoso do Rio de Janeiro. Eva e Edilene seguiam em um carro, e Teodoro em outro.

CAPÍTULO 16

Ao chegar à mansão, Edilene deu ordens ao motorista para dar a volta e seguir até a entrada dos empregados. Ela achou melhor a menina não ficar diante de Teodoro por ora.

Edilene trabalhava na mansão havia mais de trinta anos. Ela trabalhara para os pais de Teodoro e acabara tornando-se a babá dele. Depois que ele cresceu, Edilene deixou o cargo de babá e tornou-se a governanta da mansão.

Como conhecia muito bem o gênio forte de Teodoro, ela sabia que o patrão era irascível quando estava nervoso, mas também se mostrava um homem doce quando a vida seguia ao seu gosto.

Eva não ficaria sob a mira do olhar de Teodoro. Edilene queria proteger a menina. O espírito de Francisco orquestrava com maestria a mente da governanta para proteger a criança. Assim, Edilene levou Eva até seu quarto na ala dos empregados. Não era um cômodo muito grande, como os que faziam parte da outra ala da mansão, mas era acolhedor e tinha uma decoração muito agradável. Foi com alegria que a mulher colocou Eva na cama ao lado da sua e disse:

— Daqui a pouco, amanhecerá, e eu providenciarei roupas e brinquedos para você. Quer fazer compras comigo no *shopping*?

— Eu já fui a um *shopping*. Mamãe me levou até lá. Eu adorei! Compramos um vestido cor-de-rosa... Que pena... meu vestido ficou no chalé da vovó Maria. Podemos ir lá buscar meu vestido, minha boneca e a mamãe para ficar aqui conosco? Ela poderia dormir na minha cama. Veja, minha mamãe cabe aqui. Ela pode vir, tia Edir...? Desculpe, me esqueci de seu nome.

— Meu nome é Edilene. Eva, ainda não podemos trazer sua mamãe para a mansão, mas é questão de tempo até ela retornar para o Rio de Janeiro. Logo, logo ela baterá na porta para ficar ao seu lado. Vamos ter um pouquinho de paciência, querida.

— Eu quero minha mamãe — choramingou a menina com lágrimas nos olhos.

Edilene abraçou Eva e a deitou sobre seu braço. Assim, a garotinha pegou no sono, e as duas ficaram abraçadas até o sol nascer. O celular da governanta começou a tocar com insistência, e, ainda sonolenta, ela atendeu:

— Alô? Quem fala?

— Você perdeu a hora do trabalho! Estou esperando meu café da manhã.

Edilene reconheceu a voz de Teodoro. Ela sabia que o patrão estava irritado e nervoso e respondeu:

— Querido, estou ocupada com a criança. Ela está muito assustada e triste.

— Não quero ter notícias da bastarda! Preciso de sua companhia antes de ir para o trabalho. Tenho ordens para lhe dar. Venha imediatamente, Edi.

— Estou indo, mas não gostaria de deixar Eva sozinha no quarto. Ela está muito assustada. Pode acordar e se perder pela casa.

— Mandarei uma das empregadas para seu quarto para ficar com a menina. Apresse-se.

Valquíria entrou no quarto de Edilene e deitou-se ao lado de Eva. A governanta não ficou à vontade com a presença da moça em seu quarto. Ela sabia que os empregados da mansão eram curiosos e bisbilhoteiros e tinha certeza de que seu quarto seria inspecionado pela empregada.

Edilene apressou-se a se apresentar a Teodoro. Ela respirou fundo e disse:

— Bom dia, querido.

— Bom dia, Edi. Sabe que não gosto de tomar o café da manhã sozinho.

— Eu sei, meu querido, mas a criança estava...

— Não quero ter informações sobre essa criança... ainda.

— Sinto muito, mas preciso dizer que não deveria ter agido dessa forma! Como pôde tirar a menina da mãe dessa forma violenta, Teodoro?! Não esperava essa atitude de sua parte!

— Eu também não queria ser esse homem que usa a força para conseguir o que deseja, Edi, mas, francamente, depois que descobri que Beatriz teve uma filha... eu perdi a cabeça! Aquele advogadinho insinuou que a menina poderia ser minha filha! Como queria que eu agisse?

Preciso ter certeza de que ela não tem meu sangue correndo nas veias.

— Você poderia ter feito isso legalmente, entrando com um pedido de reconhecimento de paternidade na justiça. Beatriz teria de obedecer à lei e realizar o teste de DNA na menina.

— E assim teríamos mais um escândalo com meu nome na cidade. Basta de escândalos, Edi. Sou um empresário sério e tenho que preservar meu nome, senão meus negócios serão novamente prejudicados.

— O que fará se Eva não for sua filha? O que fará com a menina?

— Mandarei Eva estudar na Inglaterra, onde estudei por dez anos. É um ótimo colégio para uma menininha órfã, não acha?

— Pretende esconder a menina em outro país, para que Beatriz não a encontre nunca mais? É isso?

— Você sempre foi boa em descobrir minhas pretensões.

— Não faça isso, meu querido. Você não conheceu Eva! Ela é tão amorosa e doce que encanta qualquer um. A menina já sofreu muito sendo criada em um orfanato. E se Eva for mesmo sua filha, o que fará com ela?

— Pretendo dar a ela tudo o que uma criança rica pode ter, mas o preço é viver distante de Beatriz. Sabe que posso pedir a guarda dessa menina se ela for minha filha.

— Não esperava que você ficasse com ela.

— Se for minha filha, é minha herdeira e terá tudo o que é meu. Você sabe se João Vicente deu notícias?

— Não que eu saiba. Você deveria ter contratado outro advogado, Teodoro. Não simpatizei com aquele homem. Algo nele não me agradou.

— Eu confio em você, minha querida Edi. Assim que ele entrar em contato, vou despedi-lo, mas saiba que ele fez um bom trabalho até aqui.

— Quando o teste de DNA ficará pronto?

— Amanhã. O dinheiro apressa qualquer coisa nesta vida. Minha querida, você não tem ideia de como o mundo está repleto de pessoas interesseiras. O dinheiro compra qualquer um e qualquer coisa.

— Não compra a dignidade de pessoas honestas e de boa índole, Teodoro. Abra seus olhos, meu querido, e perceba que o dinheiro é um valor que permite uma vida produtiva dentro da lei que rege a prosperidade.

— Lá vem você com suas crenças esdrúxulas, sem consistência ou propósito. O dinheiro compra qualquer um, Edi! Quer apostar?

— Como faríamos essa aposta?

— Se você encontrar uma pessoa honesta e de boa índole, eu darei a ela um milhão de reais. E vamos ver se ela não se transforma tendo dinheiro a seu dispor.

— Certo. Vou escolher uma pessoa. Em troca, quero que devolva Eva para a mãe.

— Se ela não for minha filha, prometo que devolverei a menina para Beatriz. Mas, se eu ganhar... você mudará de ideia sobre sua crença e seus valores e nunca mais afirmará que o dinheiro não corrompe o ser humano.

— Tenha um ótimo dia, Teodoro. Vou usar o cartão no *shopping* para comprar roupas para Eva.

— Faça como desejar. Não quero uma criança malvestida andando pela casa.

CAPÍTULO 17

Eva despertou e não encontrou Edilene ao seu lado. A menina desceu da cama e, quando se dirigia ao banheiro da suíte da governanta, soltou um gritinho. Eva flagrou Valquíria, uma das empregadas da mansão, revirando as gavetas do gabinete embaixo da pia. A mulher assustou-se e também gritou, fechando a gaveta bruscamente e deixando o dedo mindinho preso nela.

Com o acidente, o dedo de Valquíria começou a sangrar. Eva ficou ainda mais assustada com a cena e correu para esconder-se debaixo da cama.

Edilene retornou ao quarto e, ao ouvir os gritos das duas, perguntou:

— O que está acontecendo aqui?

Neste momento, Valquíria surgiu na porta do banheiro segurando a ponta do dedo, e o sangue escorreu, deixando sua mão vermelha. A governanta assustou-se e gritou:

— O que você fez, menina?! Onde está Eva?

— Ela se escondeu, senhora. Eu não fiz nada a ela. A menina se assustou e mordeu meu dedo.

Edilene aproximou-se de Valquíria e puxou-a até a pia do banheiro. Colocando o dedo ferido da outra debaixo d'água para lavar o ferimento, ela disse:

— Eu estou vendo a sujeira que você fez em meu banheiro, Valquíria. Estava revirando as gavetas, não é verdade?

— Não, senhora! Eu não mexi em nada. Juro que não.

— Não diga mais nada, Valquíria.

A governanta enrolou uma toalha na mão da empregada e deu a ordem:

— Peça ao motorista para levá-la até o pronto-socorro mais próximo. E depois siga para seu quarto. Não quero mais vê-la nesta casa hoje.

— A senhora está me demitindo?

— Ainda não, mas pensarei na hipótese. Nunca mais invente mentiras sobre os hóspedes desta casa. Acredito que tenha prendido o dedo na gaveta da pia. Veja como ficou suja de sangue até por dentro! Assuma que estava revirando minhas gavetas, sua curiosa e mentirosa! Amanhã, retorne ao trabalho. Esse acidente não foi tão grave a ponto de impedi-la de trabalhar na cozinha.

Valquíria saiu do quarto tentando conter o choro preso em sua garganta.

Edilene chamou Eva várias vezes, procurando por ela no *closet*. Quando finalmente a encontrou, tentou tirá-la debaixo da cama dizendo:

— Venha, minha querida. Você não teve culpa de nada. Valquíria estava bisbilhotando minhas gavetas, não foi? Conte-me o que aconteceu.

Eva lentamente foi saindo debaixo da cama e aceitou os braços que esperavam por ela com carinho.

Quando Edilene a abraçou, a garotinha sentiu-se protegida novamente e retribuiu o carinho abraçando também a governanta.

Edilene sentia o coração de Eva batendo descompassado e a segurava até sentir uma calmaria no peito da menina. Dessa forma, as duas se soltaram, e a governanta disse:

— Desculpe-me, Eva. Precisei sair do quarto por um tempo. Meu patrão solicitou minha presença com urgência, e eu não pude esperá-la despertar do seu sono de princesa.

— Minha mamãe, tia Fran e tia Maria também me chamam de princesa. Eu sou uma princesa?

— Você é uma linda princesinha, Eva, e este é seu castelo. Mas, como em todo castelo, existem lugares aqui pelos quais a princesa não pode transitar.

— O que é transitar, tia Edi?

— Transitar é caminhar, andar. Neste caso, você não poderá transitar por lugares indevidos, percorrer a casa toda, Eva.

— Mas por que não posso conhecer meu castelo, tia Edi?

— Você já está na idade dos porquês. Vamos lá, querida. Eu explicarei direitinho aonde você pode e não pode ir. Preste atenção.

— Posso ir brincar no jardim?

— Você pode ir ao jardim, mas não deve chegar perto do portão. Você pode ir até a cozinha e voltar para este quarto, quando ouvir que temos convidados na sala. Não quero que fale com ninguém.

— Serei uma princesa prisioneira no castelo?!

— Podemos brincar que esse castelo está repleto de armadilhas e que você não pode correr o risco de ficar presa nelas. Por essa razão, precisamos ser cautelosas.

— O que é ser cautelosa?

— É ser cuidadosa e não chamar a atenção das outras pessoas do castelo. Eva, todo castelo tem um rei, e o daqui não gosta de barulho e sorriso de criança.

— Compreendi. Preciso me esconder do rei do castelo e sorrir baixinho para ele não me ouvir.

— Exatamente isso, Eva. Eu sabia que você era uma criança muito esperta como sua mamãe. Silêncio e cuidado para não ser notada. Agora vamos até a cozinha, pois vou preparar seu café da manhã.

— Tia Edi, eu preciso trocar de roupa, escovar os dentes e fazer xixi lá no banheiro. Aquela moça estava olhando as gavetas, e eu acabei molhando minha roupa quando ela gritou e se cortou.

— Me perdoe, querida. Vou providenciar roupas limpas para você. O jardineiro tem uma filha da sua idade, que deve usar seu número de roupa. Vamos usar o banheiro do corredor. Valquíria deixou este banheiro todo sujo de sangue.

Edilene levou Eva para o banho e a deixou brincando na banheira, enquanto foi providenciar roupas limpas para a menina. A governanta pediu a uma das empregadas que limpasse o banheiro de sua suíte e ao jardineiro que trouxesse um vestido e uma calcinha de sua filha o mais rápido possível. Quando retornou ao banheiro, ela encontrou Eva brincando com a espuma dentro da banheira.

— Você está se divertindo! Que bom! Há muito tempo, eu não ouvia gargalhadas de uma criança. Esse som aquece meu coração. Não tenha medo, Eva. Cuidarei de você com muito carinho e prometo trazer sua mãe até você.

A governanta secou a menina e, com delicadeza, a enrolou em uma toalha, tentando fazer um vestidinho. Depois, penteou os cabelos de Eva e ajeitou-o como a menina gostava e a orientava. As duas, então, foram para a cozinha, e Edilene espalhou várias guloseimas sobre a mesa, pedindo a Eva que escolhesse o que desejava comer no café da manhã.

— Quanta coisa gostosa, tia Edi. Posso escolher mais um suquinho de laranja?

— Você pode comer tudo o que desejar e esteja sobre a mesa.

A cozinheira, que preparava o almoço, estranhou a presença de uma criança na mansão e perguntou:

— Senhora, Edilene, nosso chefe sabe que a senhora trouxe uma criança para esta casa? Não é por maldade que pergunto, mas todos os empregados sabem que ele não gosta de crianças.

— Não se preocupe, Nina. Eva é minha convidada. Teodoro não notará a presença dela. Ela sabe que o rei do castelo não quer ouvir gritinhos de criança. Faz parte da brincadeira não ser notada pelo rei. Compreendeu, Nina?

— Sim, senhora. Pode contar comigo para o que precisar. Eva é um lindo nome para uma princesa.

Nina entrou na brincadeira e piscou para Edilene, que respondeu:

— Hoje, nós duas não vamos almoçar em casa. Vamos ao *shopping center* comprar roupas para nossa princesinha. O rei Teodoro também não fará a refeição no castelo. Prepare o almoço apenas para os empregados.

— Farei um prato simples com arroz, feijão, carne e salada. E o que devo preparar para o jantar?

— Vamos ver o que nossa princesa gosta de comer. O que deseja para o jantar, princesa?

— Quero sorvete de flocos com calda de chocolate. E quero também uma salada de frutas igual à que tia Maria preparou ontem.

— Seu desejo é uma ordem, princesa! Mas isso tudo pode ficar para a sobremesa. Que tal comer um pouco de arroz e um peixinho assado com molho de camarão? Você gosta de frutos do mar?

— Eu não sei, tia. Não me lembro de ter comigo frutinho do mar. Tia Edi, como é esse frutinho do mar?

Nina apressou-se em apanhar no *freezer* um pacote de camarão e lulas. Ela colocou diante da menina e disse:

— Aqui estão alguns frutinhos do mar. Você já comeu?

— Não! Eu pensei que seriam frutinhas bonitinhas. Isso é estranho, tia.

As duas riram da careta que Eva fez ao olhar para os pacotes.

— Nina, à noite, prepare um jantar leve para Eva. Deixe o camarão para o rei.

O jardineiro chamou Edilene na porta da cozinha. Ele estava quase sem fôlego por ter corrido até sua casa, que se localizava no fundo da propriedade de Teodoro. Ele trouxe o melhor vestido que encontrou, uma sandália para combinar e uma calcinha com rendinhas. Eva gostou do vestido e agradeceu à governanta.

Depois de se alimentarem e se vestirem adequadamente, as duas foram para a garagem. Edilene tirou seu carro da garagem depois de prender Eva com o cinto de segurança no banco de trás. No percurso até o *shopping*, os olhinhos de Eva buscavam registrar todos os recantos da paisagem que a deixavam maravilhada. A menina nunca havia visto o mar.

Edilene olhou através do retrovisor para Eva. Imediatamente, ela, notando a reação da menina ao olhar em direção ao mar, perguntou:

— Você já colocou os pés na água do mar?

— Não! Eu posso chegar perto da água?

— Você não conhece o mar nem o seu sabor? Depois das compras, eu a levarei à praia. Vamos comprar um biquíni para você.

— Eu posso nadar, tia?

— Pode brincar um pouquinho, mas só no rasinho.

— Eu quero muito ver um frutinho do mar.

— Eva, isso não é assim tão fácil. Os frutinhos do mar ficam longe da praia. A casa deles é no fundo do mar.

— Ah! Assim eu não posso ver os frutinhos. Tia Edi, nós podemos ir até o fundo do mar para vê-los?

— Hoje não dá para realizar uma aventura como essa, mas quem sabe outro dia podemos mergulhar ao fundo do mar? Já passeou de barco, Eva?

— Não, mas a Milena já foi passear em um barco no rio. Ela me contou que ficou enjoada e vomitou. Não quero ficar enjoada, tia Edi.

— Isso não ocorrerá com você. Basta ter pensamento positivo e manter a mente ocupada com brincadeiras legais e engraçadas. Distrair a mente, compreende?

— Sim, a tia Silvana ensinou as crianças do orfanato a praticarem meditação no jardim. A perninha fica cruzada assim, tia Edi. E a respiração tem que ser leve e depois profunda.

— Você sabe meditar?

— Eu sei. Fico calma e tranquila depois da meditação.

— Minha querida, você é uma criança especial! Não esperava que soubesse meditar.

— Tia, falta muito para chegarmos ao *shopping*?

— Não. Você está vendo aquela construção grande do seu lado direito? O *shopping* fica ali.

Entrando no *shopping*, Eva sorria animada, correndo em direção às vitrines das lojas de roupas infantis.

— Podemos comprar um vestidinho cor-de-rosa, tia Edi? Queria um parecido com o que ficou no chalé da Chapada dos Guima... Tia, é lá onde fica o chalé da tia Maria e da tia Fran.

— Chapada dos Guimarães! É esse o nome do local de onde foi retirada?

— Tia Maria disse que lá tem onça que come gente! Eu prometi que não sairia na varanda do chalé sozinha. Quero voltar para casa e ficar com a mamãe, tia Edi, mas queria voltar com um vestido cor-de-rosa. Eu adoro essa cor.

— Vamos comprar um vestidinho cor-de-rosa como você deseja. Pode escolher o que desejar e depois vamos almoçar em uma lanchonete que toda criança adora. No final da tarde, vamos à praia. Quero lhe apresentar o mar.

As duas seguiram animadas às compras. Apesar de cansada, Edilene realizou todos os desejos de Eva. Elas voltaram para a mansão, e a governanta levou a menina até a praia particular da propriedade de Teodoro.

Edilene vestiu um biquíni de estampa floral em Eva, e as duas foram para um banho de mar à tardezinha.

A garotinha ficou assustada ao ver tanta água, mas não se intimidou quando a onda lambeu seus pezinhos. Ela pulou, rolou na areia molhada e, por fim, acabou se molhando por completo na água morna naquela tarde quente de verão. Quando a noite chegou, as duas retornaram para a mansão. Várias sacolas foram retiradas do porta-malas pelos empregados. Edilene não se esqueceu do grande favor que o jardineiro lhe fizera e comprou três vestidos e dois pares de sapatos para a filha dele. Eva fez questão de dar à menina um lindo urso de pelúcia.

Depois de um banho quente e de se alimentar com o delicioso jantar preparado especialmente para ela, a menina perguntou:

— Tia Edi, a mamãe vai demorar para chegar? Estou com saudade dela. Posso visitar a tia Silvana no orfanato? Também sinto saudade dela, da Milena e até dos meninos que são chatinhos.

— Pelo que conheço de Beatriz... amanhã, ela estará aqui, apertando o interfone lá no portão da mansão. Mas, se sua mamãe demorar um pouco mais para chegar, prometo levá-la até ela, querida. Agora, tente dormir um pouco. Tivemos um dia repleto de diversão hoje, não foi, princesa?

— Eu gostei muito de conhecer o mar. Ele é salgadinho! Amanhã, eu posso nadar no mar novamente?

— Penso que sim. Nós temos a praia particular do rei deste castelo. À tarde, quando o sol não estiver muito forte, nós vamos pular as ondinhas como você gostou de fazer hoje. Mas me prometa que não irá até a praia sem a companhia de um adulto. Boa noite, princesa.

Edilene ficou deitada ao lado de Eva até a menina adormecer tranquila em sua cama.

CAPÍTULO 18

Teodoro retornou para a mansão depois das vinte e três horas e bateu na porta do quarto da governanta com delicadeza, chamando-a em tom baixo. A porta abriu-se, e ele fez questão de espiar a menina dormindo tranquila na cama.

— Como foi seu dia? Ela deu muito trabalho?

— Ela é uma criança adorável. Nós nos divertimos muito no *shopping* e na praia.

— Você comprou tudo de que ela precisa? Não quero ver essa menina malvestida dentro da minha casa.

— Compramos tudo o que ela escolheu. Você precisava ver como ela é parecida com você. Escolheu os melhores vestidos e os sapatinhos. Ela é muito inteligente e esperta.

— Vejo que minha babá se apaixonou pela filha bastarda de Beatriz!

— Se você ficar cinco minutos ao lado dela, também se apaixonará por essa garotinha.

— O resultado do teste está aqui, mas ainda não tive coragem de abrir o envelope. Se ela for minha filha, prometo que encontrarei tempo para nos conhecermos melhor. Quero estabelecer um relacionamento paternal com ela.

— Você conseguiu apressar o resultado do exame! Mas e se Eva não tiver seu sangue? Lembre-se de que prometeu ser bom com ela e devolvê-la para Beatriz.

Foi nesse instante que o interfone tocou insistentemente. Edilene e Teodoro estranharam o fato de alguém aparecer na casa tão tarde da noite, sem ser convidado previamente. A governanta perguntou:

— Está esperando alguém? Dará alguma recepção hoje?

— Não convidei ninguém para esta noite ou teria lhe avisado para que organizasse um jantar. Quem deve ser? Melhor mandar os seguranças para o portão imediatamente.

Edilene apressou-se em olhar as imagens das câmeras de segurança e imediatamente identificou Beatriz apertando nervosamente o interfone. Apesar de parecer abatida e histérica, estava exatamente como a governanta se recordava dela. Uma mulher elegante e muito bonita.

— É ela. Finalmente chegou — disse Edilene olhando nos olhos de Teodoro.

— Essa traidora se atreveu a vir até aqui?! Vou mandá-la para o inferno, de onde ela não deveria ter saído!

— Nada disso, Teodoro! Vou abrir o portão, e você receberá Beatriz com a educação que lhe ensinei. Se minha filha tivesse sido sequestrada, como você o fez, eu também estaria batendo na sua porta para levar minha filha embora comigo.

— Edilene, não se intrometa em meus assuntos! Eu cuidarei disso.

— Parado aí, Teodoro! Não me trate como uma simples empregada. Eu o eduquei e lhe dei todo o amor de que precisou, pois seus pais nunca tiveram tempo para você. Entre em seu escritório agora mesmo. Eu receberei sua ex-mulher e vou tentar acalmá-la. Abra o envelope. Nós vamos esperar pelo resultado aqui na sala.

— Queria que você estivesse ao meu lado quando eu descobrir a verdade. Mande essa traidora embora! Desculpe-me por ter me exaltado com você, Edi. Sabe o quanto a estimo. Você sempre foi a única pessoa que eu amei e amo nesta vida.

— Eu também amo você, meu menino, mas atenda ao meu pedido. É para o seu bem. Não quero vê-lo com complicações com a justiça. Se Beatriz der queixa, você pode até ser preso, acusado de sequestro. O que você fez foi muito grave!

— Ela mereceu! Por que fugiu do hospital e não me disse que estava grávida?

— Vocês precisam conversar. Esse assunto está mal resolvido entre os vocês. Seja cordial e tenha paciência com Beatriz. Ela está nervosa.

Teodoro entrou em seu escritório e concentrou toda a sua audição na sala onde Beatriz, Francisca e Maria haviam entrado. Beatriz exaltava sua voz perguntando:

— Onde está aquele maldito? Quero minha filha de volta, seu maldito!

— Por favor, Beatriz, acalme-se.

— Como posso ficar calma se aquele maldito mandou sequestrar minha filha! Onde ele está, Edi?

— Se prometer se controlar, eu a levarei até Eva — propôs Edilene.

— Eva está aqui? — perguntou Maria.

— Sim, ela está dormindo tranquilamente em meu quarto.

— Graças a Deus, minha filha estava sob seus cuidados, Edi! Sei o quanto é carinhosa e cuidadosa com as pessoas, mas isso não reduz a culpa daquele... maldito! Vou acabar com ele...

— Por favor, Beatriz, não faça ameaças. Você sabe o quanto Teodoro fica agitado quando contrariado. Infelizmente, não pude educá-lo como gostaria. O pai dele andou ensinando meu menino a ser violento. Cuidado.

Maria tomou a frente de Beatriz, pediu para ver a menina e completou:

— Estou com muita saudade dela. Eva é uma menina de muito valor.

— Compreendo bem o que está me dizendo, senhora. Eva realmente carrega algo especial em si. Ela tem a doçura no olhar e fala como se fosse um anjo surrando palavras de amor aos nossos ouvidos.

Edilene virou-se para Beatriz e afirmou:

— Encontrei em sua filha a mesma delicadeza que encontrei em você quando nos conhecemos. Ela é uma princesinha.

— Obrigada, Edilene. Posso vê-la?

— Claro. Ela está dormindo, pois tivemos um dia muito agitado. Fomos ao *shopping* e à praia. Ela se divertiu muito e ficou encantada com o mar. Sabe onde fica meu quarto?

— Continua no mesmo lugar?

— Sim. Ela perguntava a todo momento a que horas você iria chegar. Eu sabia que você viria buscá-la.

Beatriz virou-se para ir até o quarto da governanta, quando, de repente, Eva surgiu na sala ainda sonolenta. Ao ver a mãe, ela correu para os seus braços, e as duas choraram emocionadas. O alívio ressurgiu como bálsamo em Beatriz.

Teodoro estava parado na porta do escritório, segurando o resultado do teste de DNA nas mãos. Ele olhava para mãe e filha abraçadas no meio da sala e seu coração batia acelerado.

Edilene percebeu que Teodoro estava emocionado e convidou Francisca e Maria para tomarem um chá na cozinha.

— É melhor deixarmos os dois sozinhos. Eles precisam conversar.

— Aceitamos o chá, mas quero estar por perto se minha amiga precisar de ajuda — disse Francisca.

— Estaremos todas com os ouvidos atentos ao que ocorrer nesta sala. Penso que seria prudente deixá-los se entender. Essa conversa foi adiada por muitos anos.

— A senhora tem razão. Eles precisam conversar. Chegou reforço para orientá-los nesta conversa. Seu pai está aqui, Fran.

— Que bom, mamãe. Assim, eu fico mais tranquila.

— Compreendo o que está dizendo, Maria. Também senti a presença de um amigo espiritual entrando na sala. Tenho um pouco de sensibilidade extrafísica — comentou Edilene.

As três saíram da sala e seguiram em direção à cozinha.

Teodoro aproximou-se de Beatriz, que tentou controlar-se para não avançar sobre ele, aplacando sua fúria.

Eva estava agarrada ao pescoço da mãe, o que impediu Beatriz de colocar toda a sua raiva para fora. Teodoro estava envergonhado por ter cometido um grande erro com a ex-esposa e disse constrangido:

— Perdoe-me. Eu errei muito com você e com ela. Estou me sentindo muito culpado! Como fui tolo!

— Pelo envelope em sua mão, presumo que acabou de descobrir que nunca o traí, Teodoro! Teríamos sido poupadas de tanto sofrimento se você não fosse tão cruel e desumano! Sua ignorância e violência me impediram de criar minha filha! Eu o odeio, Teodoro!

— Perdão! Eu sou o único culpado por nosso sofrimento. Não sabe o quanto sofri imaginando você nos braços daquele...

— Não vamos entrar em detalhes. Não quero que minha filha saiba dessa sujeira toda. Eva, vá para a cozinha e fique ao lado de sua tia Fran. A mamãe tem que revolver um problema com esse homem.

— Espere, Eva. Quero me apresentar. Eu sou...

— Não! Não fale mais nada, Teodoro. Eu o proíbo de se apresentar à minha filha!

Eva soltou a mãe e correu em direção à cozinha. Beatriz seguiu Teodoro e entrou em seu escritório.

— Como você foi covarde! Mandou me perseguir! Aqueles homens invadiram o chalé e deixaram um rastro de destruição por onde passaram. Seu covarde!

— Eu sei que errei muito com você e saiba que pagarei todo o prejuízo que causei às suas amigas. Mandarei construir uma mansão no lugar daquele chalé que meus homens danificaram.

— Você não tem ideia do que passamos para chegar aqui tão rápido! Percorremos milhares de quilômetros sem parar um só instante. Eu levarei minha filha, e nunca mais você se atreverá a se aproximar de nós! Eu odeio você, Teodoro!

— Bia, eu sempre a amei! Você não sabe o quanto sofri, quando descobri que aquele motorista tinha sido seu primeiro namorado! Por que não me disse nada?! Por que me deixou ser envenenado por Camila?

— Foi ela quem lhe contou que eu e Arthur já nos conhecíamos? Claro que foi ela! Quem mais desejava reconquistar seu amor?! Sua amiguinha foi apaixonada por você a vida inteira! Francamente... como pôde acreditar naquela mulher?

— Ela me mostrou fotos de seu passado, o que não me deu espaço para duvidar que fosse uma mentira. Ainda guardo as fotos no cofre. Você quer ver?

— Eu quero. Está na hora de deixar tudo às claras. Eu nunca o traí, Teodoro! Arthur foi, sim, meu primeiro namoradinho, e a "paixonite" ficou no passado, quando eu ainda era adolescente. Ele me traiu com uma garota do mesmo colégio onde eu estudava. Arthur sempre foi um mulherengo. O que mais aquela mulher inventou sobre nós?

— Eu lhe mostrarei o envelope que Camila me apresentou naquele dia.

Teodoro abriu o cofre, retirou de lá um envelope e entregou-o nas mãos de Beatriz.

— Veja! Todas as provas de sua traição estão neste envelope.

Ao ver as fotos, que se tratavam de montagens grosseiras feitas por Camila, Beatriz acabou gritando sua raiva:

— Olhe para isso, Teodoro! Está nítido que essas imagens não passam de montagens esdrúxulas! Arthur e eu nunca fomos ao Pão de Açúcar juntos nem passeamos de bondinho! Veja esse casal se beijando... A altura dessa moça não corresponde à minha! Não é possível que não tenha notado esses detalhes! Veja essas duas fotografias! Nós estávamos juntos. Ela retirou sua imagem e, grosseiramente, colocou o rosto de Arthur sobre o seu. Você caiu feito um patinho!

— Deixe-me ver isso.

Com as fotografias nas mãos, Teodoro percebeu que se tratavam de uma montagem fotográfica de muito mau gosto.

— Você tem razão! Fui um idiota por não perceber que aquela mulher havia planejado uma armadilha para nós. Fiquei tão cego de ciúmes que cometi uma tremenda injustiça contra você e contra o motorista! O que posso fazer para me redimir por esse erro grotesco?!

— Você pode me deixar em paz! Sairei desta casa com minha filha e nunca mais quero saber que, um dia, você fez parte de nossas vidas!

— Bia, perdoe-me! Não me abandone novamente. Eu amo você! Eva é minha filha! Quero estar ao lado dela e ao seu lado para sempre, como juramos em nosso casamento. Você prometeu que nunca me abandonaria. Sabe que trago cicatrizes por não ter tido a presença de meus pais na infância.

— Não estou aqui para cuidar de suas cicatrizes de infância. Conheço seus traumas, mas você teve a melhor das mães ao seu lado. Edilene lhe deu todo amor que há naquele coração enorme... E lembre-se, Teodoro, que foi você quem quebrou as juras de amor que me fez... Você mandou me matar e matou o motorista!

— Eu não fiz isso, Bia! Eu pensei em dar uma lição naquele motorista safado.

— Teodoro, você mandou cortar o cabo do freio do meu carro! Todos os jornais noticiaram isso na época. Vai me dizer que não desejava que eu sofresse um acidente junto com meu motorista!? Você deve estar louco! Confesse que desejou minha morte e a de Arthur!

— Eu nunca desejei me vingar de você... eu a amava e amo, Bia. Perdoe-me. Fiquei cego de ciúmes, mas não sabotei o freio de seu carro! Eu estava na Europa e não sabia que Edilene havia contratado outro motorista para dirigir seu carro. Não me culpe por algo que jamais fiz! Agora, tenho certeza de que toda essa trama foi planejada e executada por Camila.

— Não acredito em você. Foi você quem mandou cortar os freios do carro. Sei que desejou me ver morta naquele acidente, minuciosamente planejado e executado por seus homens! Deixe-me em paz com minha filha e estará perdoado.

— Não posso perdê-las novamente, Bia. Quero que venha viver na mansão comigo e com Eva. Vamos esquecer toda essa história. Podemos ser felizes novamente.

— Você não tem noção do estrago que causou em minha vida e na vida de Eva! Sem falar no mal que fez a Arthur e à família dele! Teodoro... você é doente! O planeta não gira apenas porque você ocupa a superfície dele. O Sol não brilha e aquece a Terra porque você está aqui. Acorde, homem! Você precisa de tratamento psicológico.

— Farei o tratamento que desejar, mas fique comigo, amor.

— Vá para o inferno, seu maldito! Você nunca mais colocará os olhos sobre nós.

Beatriz saiu do escritório batendo a porta com força, chegou à cozinha e disse:

— Vamos embora. Edilene, obrigada por cuidar de minha filha durante esse sequestro. Nunca mais quero ver esse monstro em minha existência. Eu o odeio!

Beatriz pegou Eva no colo e virou-se para saírem da casa acompanhada por Francisca e Maria. Elas rapidamente alcançaram a porta e correram para entrar na van.

CAPÍTULO 19

Nesse momento, Teodoro notou que Beatriz e suas amigas estavam indo embora da mansão e deu ordens aos seguranças para não deixarem ninguém sair das dependências da propriedade, mas Francisca foi mais rápida na direção do veículo, e os seguranças não tiveram tempo hábil para interceptá-las. Maria conseguiu chegar perto do portão, que ficava distante da casa, mas os seguranças formaram uma barreira, impedindo, assim, que a van deixasse os limites da propriedade. Eles estavam armados, e Maria se assustou.

— O que eles querem? — perguntou Maria.

Teodoro apressou-se a ir até o portão e disse:

— Eva não sairá desta casa. Entregue a menina, e eu deixarei que você e suas amigas partam.

— Vou chamar a polícia, Teodoro! Libere o portão. Nós vamos embora.

Neste instante, Edilene surgiu quase sem fôlego para impedir que uma tragédia ocorresse e disse:

— Bia, por favor, pegue sua filha e venha comigo. Vamos poupar suas amigas. Esses homens atiram sem piedade. Eles são treinados para isso. Fique na mansão para resolver essa questão civilizadamente.

— É melhor ouvir a voz da razão, Bia. Nossa filha não sairá por esse portão sem minha autorização.

As armas estavam engatilhadas e prontas para dispararem. Os homens apenas aguardavam um sinal de Teodoro, e Francisca disse:

— Amiga, você sabe que estou do seu lado para tudo o que precisar, mas não posso colocar a vida de minha mãe em risco. Fique com Edilene. Eu darei queixa desse homem para a polícia.

— Bia, Fran está com a razão. Fique na mansão. Edilene me pareceu uma boa pessoa. Ela ajudará as duas no que precisarem — disse Maria, mostrando sua calmaria costumeira. Naquele momento, ela atendia ao pedido de Francisco, mas Francisca, inconformada e irreverente, disse:

— Eu irei aos jornais e farei um grande escândalo! Contarei a todos que o grande empresário Teodoro Davilla mantém a ex-mulher e a filha em cárcere privado! Não se preocupe, Bia. Amanhã cedo, os jornalistas estarão aqui, bloqueando esse portão.

— Não tenho medo de suas ameaças, senhorita. Sei onde vocês moram, e saibam que meus homens ficarão atentos aos seus movimentos. Eu detesto escândalos, ainda mais com meu nome. Você é quem sabe o quanto ama sua mãe.

— Você está nos ameaçando?

— Entenda como desejar. Eu transmiti meu recado. Venha, Beatriz. Assim pouparemos que uma desgraça ocorra essa noite.

Ainda trêmula, Beatriz desceu da van depois de entregar Eva a Edilene e de tirar sua mala e a da filha do veículo. Teodoro deu ordem para desbloquearem o portão, e a van, enfim, deixou a mansão.

O empresário gentilmente segurou o braço de Beatriz e a conduziu para dentro da mansão.

Na rua, um pouco afastada do portão de entrada da mansão, Maria estacionou a van. Ela estava trêmula e disse para a filha:

— Foi por pouco que aquele maluco não deu ordem para nos matar!

— Ele não teria coragem de fazer uma coisa dessas, mamãe!

— Não duvide de que ele daria essa ordem, Fran! Em sua vida passada, Teodoro foi capaz de cometer atos ainda mais violentos.

— Como sabe sobre o passado dele?

— Seu pai me contou. Nós estamos trabalhando juntos nesse caso. Ou você acha que foi por mero acaso que Beatriz começou a trabalhar como camareira no hotel em que você trabalha? A vida nos posicionou para esse encontro.

— Esse cretino está pensando que me deixou amedrontada com suas ameaças! Vou dar queixa dele e farei um grande escândalo nos jornais desta cidade. Ele terá que libertar Beatriz e Eva.

— Você não fará nada disso, filha! Uma vez, eu e você nos envolvemos com ele e nos demos muito mal. Não quero que essa história se repita. Temos de seguir os conselhos sábios de seu pai. Prometa que não fará nada contra Teodoro.

— Mamãe, não posso ficar de braços cruzados, enquanto ele faz de minha amiga sua prisioneira! E quanto a Eva...! Ela é somente uma criança e está lá, à mercê daquele monstro!

— Você confia no espírito de seu pai?

— Confio.

— Então vamos agir somente quando ele permitir. Francisco sabe o faz, pois conhece toda a verdade sobre esse caso.

— Mãe, Beatriz corre perigo!

— Eu não penso dessa forma. Notou como os olhos dela brilharam quando Teodoro apareceu na frente dela?

— Não notei nada, mãe. Eu estava nervosa com aquela situação e preocupada com a segurança de Eva. Não notei a reação de Beatriz!

— Os olhos dela brilharam de emoção, e eu senti que a respiração de Beatriz se alterou diante dele. Tenho certeza de que nossa amiga ainda ama aquele homem.

— Ele me pareceu apaixonado quando olhou para Bia e para Eva, mas esse olhar doce só aconteceu porque ele descobriu que a menina é filha dele. Ele ficou arrependido de ter sabotado o carro de Beatriz e ter provocado o acidente que matou Arthur.

— Os dois precisam se entender ainda que seja através de ameaças. Eles precisam ficar um tempo juntos, seu pai me disse isso. A vida tomou providências para unir os dois novamente.

— Que modo estranho de fazer duas pessoas se entenderem! Você está em condições de dirigir, mamãe?

— Estou melhor, mas fazia tempo que eu não ficava nervosa. Meu corpo ficou tenso e senti dores nas costas e nos ombros. Preciso relaxar. Vamos para casa descansar e tomar um chá gelado. Estou muito cansada da viagem de volta para o Rio de Janeiro. Você dirigiu essa van como se ela fosse um avião. Não sei quantas multas receberemos nessa viagem.

— Não se preocupe com multas. Teodoro pagará todos os prejuízos que tivemos. Quer que eu dirija até nosso apartamento?

— Não, eu dirijo. Você deve estar muito cansada! Dirigiu por todo o caminho até chegarmos ao Rio de Janeiro.

Maria deu partida no motor, e elas seguiram para o outro lado da cidade carioca. Pouco tempo depois, entraram no apartamento, tomaram um banho, e Maria preparou um delicioso chá de maracujá. Quando se deitaram em suas camas, adormeceram rapidamente devido ao cansaço.

Maria foi levada pelo espírito de Francisco à dimensão espiritual e lá foi informada dos detalhes do caso em que estava colaborando. Ela estava no departamento de auxílio, quando uma mulher entrou na mesma sala em que ela estava e fez um pedido especial a Maria:

— Por favor, senhora, resgate o espírito de meu filho.

— Onde posso encontrá-lo? Eu conheço seu filho?

— Não pessoalmente, mas sua filha, Francisca, o conheceu. Ele foi o advogado de Teodoro.

— Onde posso encontrá-lo?

A mulher narrou tudo o que ocorreu com João Vicente e terminou dizendo:

— O espírito dele ficou preso na caverna ao lado de seu chalé.

— Mas para isso terei que realizar uma longa viagem até o chalé. Neste momento, estou colaborando no caso de Teodoro e Beatriz. Prometo, no entanto, que, assim que puder, atenderei ao seu pedido — Maria tentou ganhar tempo, pois não tinha autorização para realizar esse resgate.

A mãe de João Vicente insistiu:

— A senhora não precisa estar presente fisicamente na caverna em questão; basta seguir para lá mentalmente. Compreenda... eu não pude educar meu menino. Quando ele nasceu, eu desencarnei, e o pai nunca soube da existência do meu filho. O pobrezinho foi criado em um orfanato e já sofreu muito nesta existência terrena. Por favor, eu desejo muito ampará-lo no desencarne.

Francisco interveio na conversa entre as duas dizendo:

— Ela tem razão, Maria. Não é preciso estar presente fisicamente no local de resgate para que ele ocorra, mas devo intervir no caso. João Vicente precisa desse tempo para depurar seus erros. Ele ainda não está maduro para ser resgatado. Peço um pouco de paciência para a senhora. Seu filho está apenas tomando o remédio amargo de que necessita para despertar em melhores condições no plano espiritual. Tenha um pouco mais de paciência. Envie boas vibrações para ele e assim colaborará para melhorar a lucidez de João Vicente. Fazendo isso, poderemos resgatá-lo em breve.

A mulher saiu da sala um tanto decepcionada, e Maria perguntou:

— Você tem certeza de que não posso resgatá-lo neste momento?

— Não seja apressada, querida! Você sabe que seria prejudicial ao rapaz retirá-lo de lá neste momento. Tudo tem seu tempo, meu amor.

— Francisco, eu estou angustiada com a situação de Beatriz. O que podemos fazer para ajudar as duas?

— Ficaremos atentos, enviando-lhes vibrações positivas. Chegou a hora do confronto entre Beatriz e Teodoro, mas o amor está presente entre eles. Você percebeu que os três juntos formam uma linda família. Vamos esperar um pouco mais e analisar como eles se comportarão. Diga à nossa filha para ter paciência e perseverar. Lembre-a de que o bem sempre vence no final. Se não venceu ainda é porque o final ainda não chegou.

Francisco riu gostosamente, e Maria, não resistindo ao sorriso dele, sorriu também.

— Você sempre foi brincalhão e otimista, meu amor! Espero que, quando meu corpo físico despertar, eu leve essa alegria comigo.

— Já que tocou nesse assunto, creio que está na hora de você despertar, minha amada. Até outro momento de alegria ao meu lado. Fique bem. Lembre-se de que a amo e espero por seu retorno à verdadeira vida.

— Eu também o amo muito! E aguardo meu regresso direto para seus braços.

Francisco tocou na testa de Maria, que despertou preguiçosamente em sua cama. Naquele verão, o calor no Rio de Janeiro batia o recorde de temperatura elevada. Maria levantou-se e foi para debaixo do chuveiro frio. Depois de terminar o banho, desceu para comprar o pão na padaria.

Maria estava bem-humorada e recordava-se em partes da viagem astral que realizara na noite passada.

Ela sabia que estivera com Francisco e carregava na mente uma lembrança sutil: o nome João Vicente estava presente em seus pensamentos. "Tenho certeza de que nunca conheci alguém com esse nome", pensou ela.

Passando pela portaria após regressar da padaria, Maria encontrou Inácio e cumprimentou-o cordialmente. Ele perguntou:

— Bom dia, Maria! A senhora fez uma boa viagem?

— Sim, passear é sempre divertido. E como andam as coisas por aqui?

— Tudo tranquilo. Apenas um parente seu esteve procurando pela senhora e por Francisca.

— Parente? Eu não tenho parente algum, Inácio. Quem era essa pessoa?

— Um homem bem-vestido. Karina ficou com o cartão dele para entregar para a senhora.

— Que coisa estranha!

Inácio foi chamar Karina, que chegou à portaria trazendo o cartão do advogado.

— Bom dia, minha amiga! Como foi a viagem? Imaginei que retornaria no próximo mês. Foram breves as suas férias.

— Nem me diga, amiga! Nós tivemos alguns problemas. Por um acaso você contou para alguém sobre meu paradeiro?

— Como eu poderia... se nem você sabia para onde estava indo! Só respondi às perguntas de seu primo João Vicente. Ele estava tão aflito para saber onde vocês estavam e me fez muitas perguntas! Inclusive, se você tinha terras fora do Rio de Janeiro. Eu me lembrei do chalé que o finado Francisco adorava e respondi que ficava na Chapada dos Guimarães.

— Foi você...! Claro! Como foi esperto esse advogado.

— Fiz algo errado, Maria?

— Disse que o nome dele era...?

— João Vicente. Ele me disse que era seu primo distante e que sua tia estava morrendo... ou algo parecido. Veja o cartão que ele deixou.

Maria pegou o cartão e, fechando os olhos, concentrou-se. Ela conseguiu ver o espírito de João Vicente dentro de uma caverna e, ao abrir os olhos, disse:

— Claro! É ele o filho daquela mulher... Eu preciso me lembrar...!

— Você o conhece, Maria? Ele é seu primo?

— Não tenho nenhum parente neste mundo, Karina. Só restamos eu e Francisca de toda a nossa família. Meu marido também não deixou parentes. Nós éramos filhos únicos, e nossa família termina em Francisca. Se ela não me der netos, acabarão os Alencares.

— Então, eu cometi um grande erro?! Perdoe-me, amiga.

— Está tudo bem, Karina. A vida tem seus meios de colocar tudo em seus devidos lugares. Aposto que foi Francisco quem interveio para que esse advogado descobrisse nosso paradeiro.

— Não compreendo o que está dizendo. Você está usando de sua bruxaria para justificar meu erro? Sabe que tenho medo do seu sexto sentido. Você disse que o advogado está preso em uma caverna?!

— Eu não deveria falar quando estou tendo uma visão extrafísica. Desculpe-me, esqueça o que eu disse. Está tudo certo. Tenha um lindo dia, minha amiga. Estou faminta e preciso tomar meu café da manhã.

— Você sempre otimista! Tenha um bom dia.

Maria entrou no elevador e disse:

— Então... você está preso na caverna, João Vicente! Seu caso terá que esperar. Como será que foi a noite de Beatriz ao lado de seu carrasco... ou de seu amado?! Ainda não descobri o que Teodoro é ao certo para ela.

Francisca estava ao telefone e, quando Maria entrou no apartamento, encerrou a ligação. As duas, então, reuniram-se à mesa do café.

— Bom dia, mamãe. Eu estava conversando com Edilene. Ela me disse que Beatriz e Eva estão dormindo tranquilamente no quarto de hóspedes. Ela contou que, depois que saímos da mansão, Teodoro e Beatriz tiveram uma longa conversa no gabinete dele. Edilene ficou esperando a Bia no quarto de hóspedes e cuidando de Eva. Disse que não ouviu gritos ou xingamentos e afirmou que as duas estão bem.

— Que bom! Eu desejava mesmo ter boas notícias sobre esse caso. Agora, sente-se aqui ao meu lado, pois eu tenho uma novidade. Sabe aquele advogado que as procurou no hotel?

— Sim. Aquele homem é um folgado.

— Foi ele quem descobriu nosso paradeiro, Fran.

— Não pode ser! Ele parecia ser um bobalhão...! Tem certeza disso, mamãe?

— Tenho. Ele esteve aqui nos procurando e acabou descobrindo que somos proprietárias de um chalé.

— Quem contou sobre o chalé?

— Ele enganou Karina, dizendo que era meu primo distante e...

— Que canalha!

— E tem mais... o espírito dele está preso naquela caverna ao lado de nosso chalé.

— Ele desencarnou?!

— Sim. Recebi um pedido essa noite durante minha viagem astral. Um espírito feminino me pediu para libertar o espírito do filho dela, que está preso naquela caverna, e encaminhá-lo para o plano espiritual.

— A senhora fez isso?

— Ainda não. Seu pai me pediu para esperar, pois ainda não é a hora de resgatá-lo.

— Tenho certeza de que ele precisará de um bom tempo para limpar seu corpo espiritual ou será sugado direto para o lado escuro da força. Seria mais um adentrando o umbral para deixar seus enganos por lá. Sinto muito por ele.

— Não sinta, filha. Cada um está onde realmente precisa estar. A vida é feita de escolhas, e ele escolheu o lado errado da força. Fazendo uma analogia com aquele filme...

— *Star wars. O império contra-ataca*! Brincadeiras à parte, mamãe. Sua mediunidade está cada vez mais forte!

— É verdade, filha. Estou cada vez mais lúcida nas viagens astrais que realizo durante o sono. Meditar me faz muito bem e desobstrui meu campo áurico das impurezas negativas que captamos durante o dia. O silêncio vale ouro, minha filha.

— Preciso meditar um pouco mais. Sua calma e serenidade ontem à noite foram impecáveis! Eu estava aflita e por pouco não perdi a cabeça. Se não fosse você e Edilene, não sei o que teria ocorrido!

— Edilene é tão calma e equilibrada quanto eu. Ela também pratica a meditação diária, o que a leva ao equilíbrio e à serenidade, trazendo a lucidez de que precisa para enfrentar os problemas do cotidiano.

— Eu também quero ter essa lucidez. E é melhor ensinar a Bia a meditar. Achei que ontem ela teria uma síncope devido ao estado de nervos dela.

— Tudo tem seu tempo, querida. Beatriz tem uma ótima professora ao seu lado.

— Edilene?

— Não! Mas ela pode ensinar muito à nossa amiga. Estou me referindo a Eva. Ela é uma criança cristal, que está aqui para trazer luz por onde passar. Tenho certeza de que Eva modificará aqueles dois teimosos.

— Que bom, mamãe. Dessa forma, eu fico mais tranquila. Minha amiga está em boas mãos. Depois do café, quer fazer um passeio até o Jardim Botânico?

— Vamos! Estamos de férias e precisamos aproveitar o dia nesta cidade maravilhosa. É melhor saírmos com seu carro hoje, pois pedi ao Inácio para fazer uma limpeza completa na van.

— Tudo bem, mamãe. Nós iremos com meu carro, mas a senhora vai dirigir. Estou com os músculos das pernas doloridos de tanto que dirigi. Não foi fácil chegar ao Rio de Janeiro. Por essa razão, uma caminhada no Jardim Botânico me fará bem.

CAPÍTULO 20

O relógio carrilhão soou alto na sala principal, e Eva desceu a escada encantada com o som. Ao aproximar-se do relógio, a menina não resistiu e tocou no vidro onde estava o pêndulo dourado, que balançava de um lado para outro no compasso do tique-taque.

Teodoro estava sentado no sofá mexendo no celular e ouviu os passos da filha descendo a escada rapidamente. Ele ficou preocupado com a possibilidade de Eva cair. A garotinha atravessou a sala e parou diante do relógio caro, que pertencera ao seu avô. Os dedinhos marcaram o vidro.

No alto da escada, Beatriz acompanhava a filha com o olhar. Ela queria ver a reação do ex-marido quando Eva tocasse no precioso tesouro da família Davilla.

Teodoro, contudo, estava encantado com a menina e pouco se importava com a algazarra que ela fizesse na mansão. Ele aproximou-se e perguntou:

— Você quer ver como ele funciona?

— Quero! Seu relógio é muito bonito.

— Esse relógio é seu, Eva, assim como tudo que há nesta casa. Quer ver outro relógio interessante? Nele, há uma casinha de onde sai um pássaro que canta e bate as asas.

— Eu quero!

Teodoro pegou Eva no colo, e seu coração agitou-se de emoção. Ele a levou para a sala de música, onde havia um grande piano de cauda, várias cadeiras pintadas de dourado e forradas com tecido de estampa floral. A elegância do pequeno auditório fez a menina perguntar:

— De quem é essa casa bonita, senhor...

— Você não sabe meu nome?

Eva balançou a cabeça de um lado para outro, sinalizando que não.

— Sou seu pai, Eva. Meu nome é Teodoro.

— Eu nunca tive um pai! Você é bonito! Todo papai tem barba?

— Obrigado pelo elogio, filha. Não sei se todo papai tem barba. Talvez alguns tenham uma barba como a minha e outros, não. Você acha que eu devo tirar a barba?

— Acho que meu papai ficaria mais bonito sem todo esse pelo no rosto. Não consigo ver direito sua boca.

— Seu pedido é uma ordem, minha princesa. Estou muito feliz em conhecê-la, Eva.

— Eu também estou feliz em ter um papai e uma mamãe! Quando estava no orfanato, eu tinha a tia Silvana. Ela cuidava de todas as crianças, mas ela me dava balinhas escondidas dos outros. Ela é boazinha comigo.

Teodoro sentiu um abalo profundo, que o deixou triste ao constatar que Eva realmente crescera em um orfanato. Ele disse:

— Nunca mais você precisará ficar em um orfanato, querida. O papai não deixará que ninguém nos afaste. Perdoe-me por não tê-la protegido quando você era apenas um bebezinho. Queria tanto ter estado ao seu lado desde o momento em que você abriu os olhos neste mundo. Você perdoa o papai?

— Eu perdoo! Não fique triste, papai. Eu estou aqui agora e tenho uma mamãe e um papai muito bonitos.

— Você me chamou de papai?!

— Sim, eu sempre desejei estar com toda a minha família. A tia Silvana disse que um dia eu teria uma família. Um pai e uma mãe. Mas a Milena não tem uma família. Ela deve ter ficado triste no orfanato, quando eu fugi com a mamãe.

— Você fugiu com sua mamãe do orfanato?

— Sim. Nós entramos no carro da tia Maria e da tia Fran e fomos para bem longe. Eu vi um macaquinho, e ele pegou a banana da minha mão. Ele era tão bonitinho!

— Você quer ter um macaco?

— Não pode, papai. A tia Fran disse que ele tinha família lá em cima da árvore. Se tirar o macaquinho da mamãe dele, ele ficará triste. Eu gosto de ver todos felizes, como você e a mamãe.

— Você acha que sua mãe está feliz?

— Ela está muito feliz!

— Ela disse por que está feliz?

— Porque eu estou com ela. Mamãe ficou triste por ter que me deixar no orfanato. Eu era pequena assim.

Eva juntou as mãozinhas, mostrando-as para o pai.

— E agora você é grande e não precisa mais fugir do papai. Sinto muito, querida. Como queria que o tempo voltasse e nada disso tivesse ocorrido. Eu me pergunto por que fui dar ouvidos àquela mulher má!

— Não se culpe, papai. Tudo está certo em seu lugar. Eu estou aqui, a mamãe também, e você, papai. Onde está o passarinho do relógio?

— Acabei me esquecendo do cuco.

Segurando Eva no colo, Teodoro atravessou a sala e colocou a filha em pé sobre o piano. Depois, aproximou-se do relógio na parede e o pôs para despertar. Teodoro pegou Eva nos braços novamente e levou-a até o relógio.

— Daqui a alguns segundos, o pássaro sairá daquela portinha ali em cima.

Eva assustou-se quando o relógio foi ativado e soou alto, mas depois, observando o biquinho do pequeno pássaro de madeira e as asas baterem, ela sorriu animada.

— Ele é tão lindinho! O passarinho não sai daí, papai?

— Não, querida. Se o papai o tirar do relógio, ele ficará quebrado. Você gostou dele?

— Gostei muito! É muito bonitinho!

— O papai comprará um pássaro de brinquedo para você.

— Eu tenho um brinquedo! Uma boneca que caiu no mato quando aquele homem me levou para o helico... pi... to.

— Helicóptero. Aqueles imbecis assustaram você?

— Eu chorei, pois tive medo de nunca mais ver minha mamãe. Mas agora está tudo bem! Tenho uma mamãe, um papai, a tia Maria, a tia Fran e a tia Edi. Eu tenho muita sorte, papai.

— Você quer sair com o papai? Nós vamos ao *shopping* comprar brinquedos e tudo o que você desejar, princesa.

— Eu gosto de *shopping*! A mamãe e a tia Edi podem vir com a gente?

— A mamãe pode. A tia Edilene tem que cuidar da nossa casa. Se ela for conosco, quem cuidará do nosso almoço?

Beatriz estava parada na porta, acompanhando cada passo de Teodoro. Parecendo uma leoa pronta para defender a filha, ela perguntou:

— O grande empresário pretende se expor fazendo compras ao lado de uma criança?! Não tem medo do escândalo que os jornalistas farão? Como explicará a presença de Eva em sua vida?

— Eu não devo explicações a ninguém! Não me importo com o que publicarão a nosso respeito. Apresentarei minha filha com todo o orgulho. Ela é muito esperta! E como é bela a minha princesinha.

— Obrigada, papai. Mamãe, veja que bonitinho o passarinho do relógio.

— Eva, venha comigo. Teodoro não tem tempo para ficar com você. Ele vai trabalhar, pois é um homem muito importante para esse país.

— Não se preocupe, Bia. Ficarei ao lado de Eva até quando puder. O que acha de viajarmos para uma estação de neve na Europa? Você ainda gosta de esquiar? Ou prefere passar o verão em nossa ilha?

— Você está agindo como se nada tivesse ocorrido entre nós! Não seja cínico, Teodoro! Eva e eu queremos viver longe de você. Não iremos a lugar algum ao seu lado. Deixe-nos partir! Dê ordem aos seus homens para nos deixarem passar.

— Eva, você quer ir embora?

— Não faça isso, Teodoro! Não coloque minha filha contra mim!

— Mamãe, eu quero ficar com os dois juntinhos. O papai e a mamãe, e a tia Edi, a tia Maria e a tia Fran. Quero toda a minha família juntinha e feliz. Papai, eu não conheço a neve. Tia Silvana disse que a neve é geladinha. Eu vi em um desenho na televisão lá no orfanato.

— Querida, não fale mais desse lugar. Quero que você esqueça que viveu lá um dia. Esta é sua casa, e vamos viver aqui os três juntos, como uma família feliz que você merece ter, princesa.

Teodoro olhou para Beatriz, que estava irritada, e disse:

— Você nunca mais comente sobre deixá-las partir! Você é minha mulher, e nós somos casados perante a lei. Eva é nossa filha, e nós queremos estar ao lado dela. Nunca mais me afastarei de minha filha. Se quiser, pode ficar conosco.

— Eu não quero viver nesta prisão, Teodoro! Você está ficando louco! Não pode nos manter prisioneira nesta mansão! Queremos viver nossas vidas longe de você.

— Bia, Eva não vale o sacrifício de nossa convivência? Fique conosco, e vamos tentar ser felizes novamente? Me dê uma chance de provar que ainda a amo. Tudo não passou de um grande engano. Eu fui...

— Não! Colocará a culpa novamente em Camila?! O que há com você?

Neste momento, Edilene entrou na sala de música, colocou-se entre os dois e disse:

— Se quiserem discutir, façam isso longe da criança. Venha, Eva. O café da manhã está servido na copa.

— Edi tem razão. Não podemos expor nossa filha aos nossos problemas. Vamos dar um tempo em nossas discussões. Eva precisa de um ambiente tranquilo e harmonioso para viver. Quer vir conosco às compras? Será divertido, eu lhe garanto. Mandarei trazer o *shopping* inteiro para Eva.

— Por Eva, eu concordo com você. Vamos dar uma trégua. Tomaremos o café da manhã e iremos ao *shopping*. Mas preciso contê-lo, pois não é dessa forma que se educa uma criança.

Todos deixaram a sala de música, e o espírito de Francisco, que, na dimensão espiritual, assistia à cena, se deu por satisfeito. O primeiro passo havia sido dado. Uma trégua entre eles fora uma sugestão sua. Ele comemorava o início da reconciliação.

CAPÍTULO 21

Beatriz precisou conter Teodoro quando entraram em uma loja de brinquedos. Todas as bonecas e seus acessórios foram parar no carrinho de compras. Já não havia espaço para mais nada. Três carrinhos já estavam lotados, e eles ainda estavam na metade da loja.

— Teodoro, pare com isso! Todos esses brinquedos não caberão no quarto de Eva!

— Mandarei construir um galpão no jardim somente para minha filha brincar. O que acha, Eva?

— Posso trazer a Milena para brincar comigo, papai?

— Claro. Traga todas as suas amiguinhas.

— Você sabe quem é Milena?

— A amiga de minha filha.

— Para que Milena venha brincar com Eva, é preciso adotar a menina. Ela vive no orfanato na cidade de Bastos.

— Não havia pensado nisso! Mas, se Eva desejar brincar com a Milena, vamos adotá-la.

— Não é tão simples adotar uma criança, Teodoro. E Milena não pode se tornar um brinquedinho para sua filha. Estamos falando de um ser humano.

— Desculpe, fiquei empolgado! Meu amor, depois pensaremos nesta hipótese.

— Não me chame de meu amor, Teodoro.

— Relaxe um pouco, Bia. Você é e sempre será meu amor! Não sabe o quanto sofri quando Camila me contou sobre você e o motorista que contratei... as filmagens não deixaram dúvidas de sua traição.

— Existem filmagens também? Imaginei que seriam apenas as montagens grosseiras das fotos que vimos ontem. Quero ver essas imagens. Tenho certeza de que aquela sua amiguinha de juventude também forjou essas imagens.

— Quando chegarmos em casa, eu as mostrarei a você. Podemos seguir agora para a loja de roupas infantis e depois vamos para a boutique comprar roupas elegantes para minha mulher.

— Eu não quero nada que venha de você, Teodoro! Ainda não o perdoei. Nós não estamos juntos! Não sou sua mulher.

— Você me prometeu que daria uma trégua em nossas discussões. Deixe-me comprar roupas melhores para você. Esse jeans não lhe caiu muito bem. Quero vê-la como era antes.

— Estou malvestida?

— Para uma mulher de classe média, você está ótima. Sabe que gosto de vê-la elegantemente trajada. Seus cabelos estão opacos. Que tal marcar um horário com seu cabeleireiro? Quero de volta a mulher lindíssima e invejável que você era.

— Não restou nada daquela mulher que um dia eu fui. A vida não foi nada fácil quando você começou a me perseguir.

— Na verdade, eu só a queria de volta, Bia.

— Diga a verdade, Teodoro. Você quer que eu renuncie à fortuna que seu pai colocou em meu nome. Ainda não sei por que ele fez isso!

— Não quero nada do que é seu. Meu pai lhe deu as ações. O motivo eu desconheço, mas uma coisa não se pode negar... Você cativou o coração dele, assim como cativou o meu. Volte, Bia. Volte a ser minha amada Beatriz Davilla.

Eva estava brincando com alguns brinquedos na loja e retornou para junto dos pais dizendo:

— Aquela mulher me perguntou se eu sou sua filha, papai.

Ao olhar para a direção para a qual Eva apontava, o casal assustou-se. Lá estava Camila Cerqueira Amaral, a velha amiga de Teodoro.

Ela caminhava na direção de Teodoro e Beatriz, como um animal pronto para o ataque. Camila tentou abrir um sorriso, mas acabou fazendo uma careta desajeitada.

— Que surpresa encontrá-los aqui! Vocês estão juntos novamente? — perguntou.

— Como vai, Camila? — respondeu Beatriz ainda chocada com o encontro inesperado.

— Estou muito bem, Bia. Você me parece adoentada! Em nada se parece com a moça bonita e encantadora que se casou com o mais cobiçado solteirão da cidade! O que aconteceu com você?

— Eu estou muito bem e gozo de plena saúde. Você, no entanto, parece ter envelhecido trinta anos em quatro. O que aconteceu?

— É verdade, Camila, você parece estar mais envelhecida. Fiquei sabendo que você sofreu um acidente automobilístico há quatro anos, meses depois que o carro de Beatriz foi sabotado — comentou Teodoro.

— Fiquei presa a uma cama por dois anos e precisei fazer muita fisioterapia para me reabilitar e caminhar novamente. Não foi fácil.

— Sinto muito por você — disse Teodoro, sem, contudo, mostrar consternação.

— Também sinto por você, Teodoro. E quem é aquela menininha linda que encontrei fazendo algazarra na loja?

— Não notou a semelhança da criança conosco? Aquela é Eva Fontes Davilla, minha filha e de Beatriz.

— Então, é verdade! Vocês estão juntos depois de...

— Depois que você e sua língua grande envenenaram meu marido, pondo em dúvida meu comportamento. Foi você quem indicou Arthur para Edilene contratá-lo como meu motorista particular! Camila, seu plano de agarrar o milionário não deu certo. Teodoro e eu estamos juntos e nos amamos muito. Veja que família feliz nós formamos.

— Teodoro, você me conhece desde a adolescência! Não deixe sua mulher me tratar dessa forma rude! Só desejei ajudá-los!

— Cada um colhe o que plantou, minha amiga. Você foi desleal com Beatriz e fez muito mal a Eva. Não quero sua amizade. Fique longe de minha família.

— O que faz nesta loja a essa hora da manhã? Você está vestida como uma das funcionárias! — disse Beatriz.

— Eu trabalho aqui. Por favor, não faça nada para que eu perca meu emprego. Eu preciso deste trabalho.

— Nós não vamos provocar um escândalo como você merecia. Só se afaste de nós, Camila. Teodoro, vamos para o caixa. Quero sair desta loja o mais rápido que puder ou perderei a cabeça com essa ordinária.

— Bia, você deseja que eu fale com o gerente e peça que essa mulher seja demitida?

Os olhos de Camila marejaram e seu estômago ficou enjoado. Beatriz entendeu a súplica dela no olhar e respondeu:

— Não chame o gerente. Vamos embora. Tenho hora no cabeleireiro e no massoterapeuta esta manhã. Não vamos perder tempo com discussões desnecessárias.

Teodoro virou as costas para Camila e seguiu em direção ao caixa da loja. Depois de pagar e mandar entregar na mansão os brinquedos de Eva, os três saíram da loja sem olhar para Camila, que os fuzilou com um olhar duro e repleto de ódio.

Depois de comprar roupas e sapatos e tudo o que Eva desejou, os três foram a um restaurante elegante no *shopping*. Depois de ocupar uma mesa, Teodoro disse:

— Fiquei orgulhoso de você! Enfrentou aquela mulher com elegância e diplomacia. Poderia ter se vingado fazendo-a perder o emprego, mas não o fez.

— Não poderia fazer isso! Sei o quanto é difícil manter um emprego na recessão que este país vive. Mas o que será que aconteceu com a família rica de Camila?

— Você não ficou sabendo?! Foi um escândalo! O pai dela foi preso por corrupção na empresa que ele havia fundado.

— Não fiquei sabendo de nada.

— O homem deu um golpe nos investidores e tentou deixar o país carregando alguns malas de dinheiro. Foi preso e acabou morrendo na prisão.

— Não sabia! Então Camila e a mãe ficaram sem nada?

— Foi pior que isso! Elas têm uma dívida impagável com os credores da empresa do pai. Eu também fiquei no prejuízo, pois investia na empresa do pai dela.

— Então você também poderia ter se vingado e chamado o gerente da loja.

— Não tive coragem de prejudicá-la dessa forma. Fui eu quem a indicou para o cargo de vendedora na loja de brinquedos. O dono da rede de lojas é meu amigo.

— Então, Camila foi lhe pedir ajuda depois da derrocada?

— Sim, ela insistiu muito para ser recebida em minha casa. Se eu soubesse que foi ela quem armou para nos separarmos... não teria a recebido em minha casa! Ela prejudicou muito nossa família. Eva cresceu em um orfanato!

— Não fique triste, papai. Eu gostei de ficar com as outras crianças no orfanato. Mamãe, posso pedir camarão para o almoço?

— Você já comeu camarão?

— A tia Edi me fez provar, e eu adorei. O bichinho vive lá na praia. A onda do mar vem com espuminhas no meu pezinho! Eu gostei muito do mar.

— Eva, minha querida, você pode comer tudo o que desejar. Quer provar a lagosta? Ela é mais saborosa que o camarão.

— Eu quero, papai. Tem um gostinho bom?

Os dois riram do jeito meigo e delicado de Eva falar, e Teodoro respondeu:

— Tem um gostinho muito bom, minha princesa. E o que posso oferecer para minha rainha?

— Não estou com fome; quero apenas uma salada *caesar*.

— Você está abatida. É melhor comer algo mais calórico. Que tal pedir aquele prato que você sempre adorou? Ainda me lembro que adorava massas.

— Não tenho fome. Obrigada, Teodoro, mas realmente não conseguiria comer um prato de nhoque. Desejo apenas uma salada.

— Ficarei atento à sua alimentação, Bia. Quero aquela mulher forte e saudável que era muito ativa ao meu lado.

— Eva está com fome. Faça o pedido, Teodoro. Nós ainda não tivemos aquela conversa que deixamos para mais tarde. Não me trate como se nada houvesse ocorrido conosco.

— Compreendi! Apenas uma salada *caesar* e um suco de laranja. Quando a ouvi dizer a Camila todas aquelas palavras, pensei que era um sinal de que realmente estávamos juntos.

— Eu não perderia a oportunidade de mostrar a Camila que ela perdeu você. Desculpe-me. Não medi as consequências de minhas palavras. Foi apenas uma vingancinha leve contra aquela mulher que me fez tanto mal.

— Conversaremos mais tarde sobre esse assunto. Mas uma pergunta me intrigou. Ela sabia que você estava grávida?

— Não! Ninguém sabia sobre minha gravidez. Na tarde do acidente, eu estava indo para a empresa lhe contar que você seria pai.

— Vamos jantar naquele restaurante esta noite? Assim, daremos início a essa conversa desagradável.

— Papai, não precisa conversar se não desejar. Quando estou um pouco brava, eu fico em silêncio, respiro fundo e solto o ar lentamente. Quer ver? É assim. A tia Silvana me ensinou.

Eva sentou-se de pernas cruzadas na cadeira que ocupava e levou as mãozinhas aos joelhos. Pondo-se em postura reta, a garotinha fechou os olhinhos. Teodoro estava encantado com a filha. O garçom trouxe o almoço, e Beatriz tocou em Eva para tirá-la da posição meditativa. Ao tocá-la, a mãe experimentou uma sensação de paz, que a deixou desconcertada.

— Querida, vamos almoçar. Depois você ensina seu pai a meditar.

No final da tarde, após as compras, os três retornaram para casa, e Teodoro foi obrigado a entrar em seu gabinete para atender aos diversos recados que estavam gravados na caixa de mensagem de seu celular.

CAPÍTULO 22

Depois de fazerem uma longa caminhada pelo Jardim Botânico, Maria e Francisca escolheram um recanto acolhedor e montaram um piquenique no gramado. Ali descansaram até o celular de Francisca vibrar em seu bolso. Era o dono do hotel, e ela resolveu um problema administrativo sem precisar passar por lá.

— Mamãe, estou curiosa para ter notícias de Beatriz e Eva. Será que aquele monstro do ex-marido usou de violência com elas?! Beatriz não me ligou ou deixou recado em meu celular. Estou preocupada.

— Não pensemos no pior, filha, mas também estou preocupada com elas. Penso que deveria ligar para Beatriz.

— Farei isso depois que chegarmos em casa e tomarmos um delicioso banho. Esse calor me deixou cansada.

Francisca e Maria levantaram-se do gramado e recolheram tudo. Quando elas retornaram ao apartamento do passeio no Jardim Botânico, já eram dezessete horas. Haviam passado o dia inteiro lá. Maria disse:

— Eu estarei na cozinha providenciando o jantar. Depois que desligar o celular, venha me contar como elas passaram o dia. Eu espero que esteja tudo bem.

— Não sei, não, mamãe. Ontem, aquele homem estava nervoso e me pareceu descontrolado. O canalha deve ter mantido as duas presas em algum lugar daquela mansão. Deve ser por isso que a Bia não me ligou. Quer saber? Depois eu tomo um banho. Preciso saber como elas estão.

Francisca foi até seu quarto e ligou para a amiga. O telefone tocou insistentemente, mas Beatriz não atendeu à ligação. Naquele momento, ela estava no carro de Teodoro retornando para a mansão, e sua bolsa estava perdida no banco de trás do veículo, no meio de várias sacolas de compras.

Quando chegou à mansão, Beatriz levou a filha para o banho e deixou sua bolsa sobre a cama no quarto de hóspedes. Depois de dar banho na filha, ela levou a garotinha para a copa para lanchar.

Como Beatriz não atendeu à ligação, Francisca ficou agitada, deixando sua imaginação contaminar-se pela negatividade. Ela imaginou que a amiga e a filha estavam em grande perigo e sentiu-se culpada por não ter feito nada para impedir aquele homem de vingar-se de Beatriz.

Para acabar com a preocupação, Francisca decidiu ligar para Edilene. No primeiro toque do celular, a governanta atendeu:

— Alô? Quem fala?

— Olá, Edilene. Sou eu, Francisca. Estou muito preocupada com Beatriz e Eva. Tentei ligar para Bia, mas ela não atendeu à ligação. Pode me dizer o que está acontecendo com elas?

— Não precisa ficar aflita. As duas estão bem, eu lhe garanto. Vou passar a ligação para Beatriz. Mãe e filha estão aqui na minha frente.

— Oi, amiga! Desculpe-me por não atendê-la. Devo ter esquecido meu celular lá no quarto. Nós passamos o dia no *shopping* fazendo compras para Eva. Não tem ideia de quantos brinquedos Teodoro comprou para a filha!

— Eu estava preocupada, e você estava se divertindo no *shopping* com seu marido!

— Ele não é meu marido, Fran. Estamos separados há quatro anos. Só decidimos dar uma trégua até termos uma conversa definitiva. Amiga, não sabe o quanto Teodoro mudou! Não se parece em nada com aquele homem rude e violento que foi no passado.

— Bia, você pretende voltar com seu ex-marido?

— Eva está muito feliz aqui! Teodoro está se mostrando um ótimo pai. Ele está encantado por ela.

— Que bom! Então o monstro se tornou um príncipe?

— Creio que essa afirmativa seja verdadeira. Ele tem se comportado como um cavalheiro.

— Não foi somente Teodoro quem se encantou por Eva. Estou notando que você também está encantada com seu ex-marido. Bia, fico feliz por você e por Eva, mas tome cuidado para não criar ilusões. Analise com cautela o comportamento dele. É melhor ter certeza de que Teodoro realmente mudou.

— Fran, eu estou vendo na minha frente o homem por quem me apaixonei no passado, mas ficarei atenta aos sinais de fúria dele. Quero esclarecer o que ocorreu naquele acidente e descobrir quem foi o culpado pela morte de Arthur. Se descobrir que foi Teodoro o responsável pela sabotagem do meu carro... terei que tomar as providências que não desejo no momento. Quero ser justa, Fran.

— Você sabe que eu estarei aqui se precisar de minha ajuda. Mamãe também está à sua disposição. Cuide-se, Bia, e não tire os olhos de Eva. Ainda não confio em Teodoro.

— Obrigada, Fran. No fundo, eu sei que Teodoro é um homem bom. Não comentei nada com você a respeito de Camila?

— Quem é Camila? Você nunca me disse nada.

— Quero ver as provas que Teodoro guardou do acidente primeiro. Depois, prometo que discutirei esse assunto com você e com sua mãe. A opinião de vocês importa muito. Pergunte à sua mãe sobre Camila.

— Mamãe sabe mais sobre esse assunto do que eu, amiga? Quando vocês terão essa conversa?

— Talvez esta noite ainda.

— Estarei esperando sua ligação. Fique bem.

— Ah, Fran, diga à sua mãe que Teodoro mandou uma construtora para reformar o chalé. Tudo estará perfeito quando forem novamente para lá. Não ficará uma só telha fora do lugar. Depois, eu entregarei a chave para ela.

— Que bom! Mamãe ficará feliz em saber. Aquele recanto é especial, pois foi meu pai quem construiu o chalé para ela.

— Diga a Maria que deixo um beijo carinhoso para ela e meu agradecimento especial por tudo o que vocês fizeram por nós. Diga que Eva também mandou um beijinho. Assim que puder, nós passaremos em seu apartamento para uma visita.

— Fique em paz, amiga. Beijos.

Francisca foi até a cozinha e contou à mãe a conversa que tivera com Beatriz. Ela comentou:

— Achei a Bia animada e mais fortalecida.

— Filha, ela está apaixonada pelo marido! Existe uma ligação de amor entre os dois que vem de muitas jornadas juntos. Os dois formaram um casal em várias vidas e o amor sempre esteve presente entre eles. A atração física é muito forte entre Teodoro e Beatriz. Se tudo ocorrer como esperamos... esta noite mesmo, os dois se unirão para o resto da vida.

— Será, mamãe?

— O amor sempre fala mais alto nesses casos. Eles resolverão as diferenças. Seu pai está me dizendo que a verdade aparecerá e as divergências serão solucionadas. Ele disse que, em breve, teremos mais um membro naquela família, conforme o compromisso reencarnatório dos dois.

— Papai nunca errou em suas previsões. Posso, então, ficar mais tranquila em relação à segurança das duas.

— Seu pai é um espírito com boa evolução. Se ele disse isso, eu creio e assino embaixo.

— Vocês são o meu casal favorito! Até parecem casal de novela, daqueles que nunca se largam. Um vive na Terra, o outro vive na dimensão espiritual, mas continuam juntos mesmo com tamanha distância entre os dois.

— É o amor que une os afins. Só falta você encontrar sua cara-metade, Fran.

— Não sei onde procurar, mamãe. Talvez ele ainda não tenha encarnado! Será que viverei sozinha pelo resto da vida?

— Que nada, Fran! Seu pai me disse que logo você terá uma surpresa. Basta estar aberta para o novo.

— Eu estou aberta para o novo, para o velho e o maduro, mas não encontrei um grande amor entre os homens que conheci. Mamãe, que tal fazermos uma viagem para fora do país?

— E para onde vamos?

— Estamos de férias, ainda tenho vinte dias de descanso e não queria ficar presa neste apartamento sem fazer nada. A senhora também tem dias livres até fevereiro, quando as aulas começarão.

— Podemos voltar para a Chapada dos Guimarães. Assim, arrumaríamos nosso chalezinho.

— Não se preocupe com o chalé. Bia disse que Teodoro enviou uma equipe para colocar tudo em ordem por lá. Afinal, foi ele quem destruiu tudo. Nós vamos para o Caribe!

— Não tenho dinheiro para pagar uma viagem como essa, filha!

— Não ficará muito cara, mamãe. Tenho amigos lá, e a hospedagem pode sair por um preço baixo. O que acha de passarmos as férias conhecendo o México e as diversas ilhas caribenhas?

— Vamos comprar as passagens, então! Sempre desejei sair do país, conhecer o Caribe e a cultura Maia de perto.

— Que animação deliciosa, mamãe! Vamos comprar as passagens pela internet e escolher o melhor roteiro de viagem. Ficaremos hospedadas em Cancún, no México.

— Quem sabe seu amado não esteja lá?!

As duas riram animadas com a viagem.

CAPÍTULO 23

Francisco ficou feliz em ver a empolgação de Maria e Francisca organizando a viagem. Ele disse para Arthur, que estava ao seu lado:

— Observe, Arthur. Tudo está encaminhando para o bem. Logo, logo, teremos o encontro que você esperava para estabelecer a harmonia que foi quebrada no passado.

— Que bom! Preciso vê-los juntos e felizes novamente. O sentimento de culpa não é nada agradável.

— Você não deveria cultivar esse peso desnecessário em sua consciência. Não pode se responsabilizar por decisões dos outros. Se seu irmão decidiu seguir para longe do caminho que foi previamente estabelecido pelos senhores do karma, a culpa não é sua, Arthur.

— Em certo ponto, eu fui o responsável por meu irmão deixar o Brasil, pois foi depois do meu desencarne que ele partiu. Penso que, se eu tivesse ficado calado... ele teria conhecido sua amada e hoje os dois estariam felizes juntos. Eu coloquei na cabeça dele que viver no Caribe seria incrível, mas esse era o meu sonho, não o dele.

— Você sabe por que você desejou viver naquele lugar?

— Eu ainda não tenho essa resposta.

— Já passou do tempo de reavivar em sua mente as experiências do seu passado.

— Fico angustiado só em pensar que reviverei todas as emoções desgastantes que já enfrentei. Não estou preparado para esse retorno ao passado. Estou ciente de que não fui um homem integralmente do bem! Eu era muito ignorante! Podemos deixar para rever o passado em outro ocasião, meu mentor?

— Não, Arthur. A sala dos espelhos o espera. Vamos lá.

— Estou com muito medo de ser sugado para o umbral. Não quero voltar para lá. Fiquei muito tempo sofrendo naquele lugar coberto de lama podre!

— Fique atento e mantenha seu equilíbrio. Tenha sempre em mente que tudo já passou e que você, como todos nós, errou. Hoje, aprendemos com nossos erros. Eu estarei ao seu lado. Quando sair daquela sala, você será um ser mais lúcido e evoluído, se mantiver o equilíbrio depois que seu passado for exposto na íntegra. Você tem apenas meias-verdades, então, como pode ser um espírito integral se só tem acesso à parte dos fatos?!

— Você é convincente. Então vamos lá tomar um choque de realidade. Por que não me mostraram a verdade antes?

— Creia... você não estava em condições de assistir às cenas que virão. Você desencarnou e foi sugado para o umbral, onde ficou depurando as impurezas ácidas que trouxe de sua existência como Arthur. Você sabe que era um sonhador e gostava de substâncias que prejudicavam sua saúde.

— Da forma como fala, parece que eu era um viciado em drogas!

— E não era?! Já parou para analisar os alimentos que ingeria? Sem falar que gostava de ingerir bebidas alcoólicas.

— Eu bebia socialmente! Nunca fui um alcoólatra!

— Será?! Eu não teria tanta certeza de que nunca escolheu seguir por esse caminho de fuga da realidade.

— Isso eu não posso afirmar ainda. Não tenho a verdade absoluta do que vivi em outras vidas, mas não era um homem cheio de vícios. Achava que me alimentava muito bem em comparação com a maioria da população do meu país.

— Se a maioria da população pulasse do penhasco, você pularia também? Estão todos equivocados sobre a alimentação! Quanto mais natural e pura for a alimentação para o corpo humano, melhor será sua qualidade de vida. Ou a saúde não interfere no comportamento humano?!

— Penso que a saúde é mais importante que tudo na vida humana. Sem ela, ficamos vulneráveis à dor e ao sofrimento.

— É melhor marcar para nosso próximo encontro a sua visita à sala de espelhos. Espero que esteja mais forte para vasculhar todos os seus erros e acertos. Nem tudo são erros.

— Eu agradeço, meu mentor. Mudando de assunto... estou feliz em ver Francisca a caminho do encontro com seu passado. Nunca mais quero separar um casal em minha existência. Coloquei a perder uma encarnação inteira por querer conquistar o que não estava no meu caminho.

Espero que Fran e meu irmão um dia possam me perdoar pelo que fiz.

— Não é nada agradável, estando deste lado da vida, quando a verdade se apresenta para o Don Juan, não é verdade, Arthur? Você entrou como um furacão, revirando a vida dos casais, só para satisfazer seu ego. Mas quem disse que você não foi um instrumento para pôr à prova o amor desses casais?

— Então, não sou tão culpado como imaginei?

— Um erro não justifica o outro. Pelo pouco que recordou, você já percebeu que entrou na vida de Francisca e Guilherme, perturbando a paz e a harmonia do casal. Tudo tem seu preço, Arthur.

— Eu sei que errei. E sei também que foi meu desejo reconquistar Beatriz. Eu estava pronto para jogar meu charme sobre ela, quando o carro que eu dirigia perdeu o freio e desencarnei estupidamente.

— Nada acontece por mero acaso. Seu prazo de validade estava no final. Você seria resgatado gentilmente se tivesse mérito para isso.

— Como não tive mérito... morri tragicamente em um acidente estúpido?!

— Quem lhe disse que foi um acidente?

— Não foi?!

— Os freios do veículo que você conduzia foram sabotados.

— Sabotagem?!

— Isso será explicado da próxima vez que nos encontrarmos. Ou deseja saber agora? Se desejar, podemos ir para a sala dos espelhos.

Arthur arregalou os olhos e coçou a cabeça. Francisco compreendeu a insegurança do amigo e explicou:

— Você foi um polo atrativo de tudo o que cultivou em sua mente. Como lhe disse, a hora de seu desencarne estava próxima. O que você temia?

— Eu temia a morte entre as ferragens dos veículos. Às vezes, assistia a cenas de acidentes e ficava muito impressionado. Eu chegava até a sonhar com acidentes automobilísticos! Foi dessa forma que atraí o que não desejava?!

— Você cultivou em sua mente algo negativo e denso por muito tempo e acabou dando forma ao seu medo e vida ao seu pensamento. Tudo está certo, Arthur. Nós somos os únicos responsáveis pelo que cultivamos em nossa mente, afinal, somos polos atrativos do bem ou do mal. Se tivesse mantido a mente apenas no bem, no positivo, teria desencarnado de uma forma mais leve, Arthur. Você, por exemplo, poderia ter desencarnado dormindo e despertado mais lúcido deste lado. Você, contudo, lesou seu corpo físico de diversas formas, e, como já lhe disse, tudo tem um preço! Cultivar pensamentos negativos e densos prejudica o indivíduo.

— Se eu não tivesse consumido certos tipos de alimentos e cultivasse pensamentos positivos, eu teria sofrido menos no umbral, em meu regresso à vida espiritual?

— Com certeza, haveria menos estragos em sua mente a serem reparados, sua depuração seria mais leve e você estaria vivendo em uma colônia há muito tempo. Vejo que, apesar de depurar a energia densa no campo umbralino, você ainda carrega cargas negativas densas em seu corpo espiritual, que o prejudicam.

— Depois que eu passar pela sala dos espelhos, ficarei curado dessa doença que atingiu meu fígado e meus pulmões?

— Não. Para reparar esses problemas que deixaram sequelas em seu corpo espiritual, você precisará condensar sua matéria novamente.

— E como farei isso? Como condensarei minha matéria?

— O corpo físico possui matéria condensada e é lá que as doenças devem permanecer.

— Eu tenho que reencarnar para ser um espírito saudável? Aqui há tratamentos para todas as doenças, meu mentor? Ouvi um amigo dizer que ficou curado.

— Mérito, Arthur. Ele realmente mereceu a cura, pois acreditou nela. O mais comum é enviarmos o espírito para um reencarne rápido e, quando ele retorna, volta curado do mal que o deixava enfermo.

— Não quero voltar a viver na Terra!

— Quanto tempo você suportará viver com esse peso? A doença, na verdade, não está presente em seu corpo espiritual. A doença está na impressão que você trouxe de uma vida desregrada que escolheu viver. Você prejudicou seu fígado e seus pulmões quando escolheu beber e fumar, sem falar na alimentação e nos remédios que ingeriu.

— Eu fiz escolhas erradas, mas quero ser saudável e nunca mais voltar a viver na Terra. Eu não suportaria mais um tempo por lá. Tenho muito para aprender aqui.

Francisco sorria em ver a aflição de Arthur e disse:

— Fique calmo! Não perturbe o ambiente com sua negatividade, Arthur. Trago uma boa notícia! Você reencarnará e terá uma boa família ao seu lado.

— Quantas vezes terei de reencarnar?

— Quantas vezes forem necessárias para que complete seu caminho evolutivo.

— Não gosto da ideia de reencarnar! Aqui tudo é mais agradável. Eu me sinto leve e mais feliz vivendo na colônia.

— Não seja tolo, Arthur! Acha que a felicidade apenas ocorre dentro dos murros desta colônia? Você precisa ampliar seus horizontes! Existem vários níveis de vibração nas cidades que compõem o ciclo das encarnações. Mas eu lhe garanto que a felicidade que você busca está fora do ciclo. Se você conseguir evoluir até ser capaz de deixar o ciclo das encarnações, poderá conhecer o que é ser feliz. Aqui dentro da colônia, posso dizer que você conhece apenas a alegria da vibração positiva.

— Eu me sinto bem aqui! Tenho paz e consigo sorrir na tranquilidade que conquistei. Isso não é tudo para um espírito?

— Não, Arthur, pois o espírito busca sempre mais. Até quando imagina que essa paz estará presente em sua vida? Em breve, você sentirá a necessidade de reencarnar. Quando se libertar do karma, ou seja, quando aprender as coisas de que precisa com as experiências terrenas, você sentirá a necessidade de aprender cada vez mais. Aprendizado é evolução.

— Eu me tornarei um espírito sábio como você?

— Você pode evoluir mais do que eu. O caminho é aberto e infinito para o aprendizado. E, quanto mais evoluído for o espírito, mais sutil será a matéria que compõe seu corpo.

— Quanto mais leve, mais feliz?

Francisco sorria da expressão corporal de Arthur ao dizer essa frase. Parecia que ele desejava sair voando. Ele respondeu:

— Sua afirmação é verdadeira, Arthur. Quanto mais leve, ou seja, quanto mais evoluído estiver o espírito, mais feliz ele será. Tudo, porém, tem seu preço. Essa felicidade constante precisa vir com a responsabilidade. Imagine se o espírito que sente felicidade o tempo todo sair pela cidade fazendo algazarra, demonstrando com euforia a felicidade que está sentindo!

— Compreendo o que está dizendo. É como se fosse a torcida de um time de futebol comemorando a vitória do campeonato. Essa multidão feliz pode extrapolar e destruir tudo por onde passar. Já fui testemunha de uma euforia como essa. Os torcedores quebraram lojas, ônibus e até feriram pessoas que estavam no local. Foi muito desagradável.

— Foi boa sua comparação. Você captou exatamente o que eu estava falando. A felicidade precisa vir com a educação. Os espíritos evoluídos são brincalhões na medida certa. O respeito e o amor incondicional fazem parte do caminho evolutivo.

— Amor incondicional?

— Você não sabe o que é o amor incondicional?

— Esse amor existe?

— Existe. O amor do espírito evoluído é incondicional. Amam por amar. Eu o amo incondicionalmente e não estou aqui para julgá-lo ou recriminá-lo por seus erros. Estou aqui para convidá-lo a seguir em frente. Desejo ver seu progresso neste caminho que não é fácil seguir, mas é absolutamente fascinante percorrê-lo com o coração aberto. O mundo espiritual é um lugar mágico e infinitamente mais agradável que a permanência no ciclo das encarnações. Quer descobrir onde habita a felicidade plena?

— É o meu desejo! Seu corpo tomou um brilho reluzente que eu nunca havia visto em nenhum espírito! Que luz é essa que tomou seu corpo inteiro?

— Você conseguiu ver parte da energia positiva que eu conquistei por mérito, trilhando o caminho da minha evolução. Não posso ficar totalmente carregado na positividade, senão eu não ficaria visível aos seus olhos espirituais. Como já havia comentado, quanto mais evoluído o espírito se tornar, mais sutil ficará seu corpo astral. Eu habito uma cidade fora do ciclo encarnatório e afirmo que conquistei apenas uma pequena parte do caminho evolutivo.

— Vi e senti o ambiente ao nosso redor ficar deliciosamente agradável e quente. Que energia é essa, meu irmão?!

— Não exagere, Arthur.

— Não estou exagerando! Você é um ser muito especial! Estou até sem palavras para descrever o que senti em sua presença repleta de luz. Quem é você?!

— Eu sou Francisco, seu humilde servo. E, se desejar, posso orientá-lo em sua jornada evolutiva como seu mentor.

— Aceito sua ajuda, meu amigo, luz! Você me deixou desconcertado. Tem certeza de que posso ficar como você, reluzente?

— Todos nós podem conquistar nosso espaço na jornada em busca de evolução. Não prometo que será somente de bem-aventurança e felicidade a sua jornada, mas lhe garanto que será recompensadora na conquista do que virá. A cada passo, você será analisado, pois tudo é conquistado por mérito. O primeiro passo é o autoconhecimento, e, para isso, você precisa estar consciente de tudo o que ocorreu em suas vidas passadas.

— Ah, a temida sala dos espelhos! Tenho que saber quem fui para fazer essa viagem ao autoconhecimento?

— Sim, Arthur. Agora, retorne aos seus afazeres na Colônia Renascer. Em breve, voltarei para orientá-lo. Estarei com você em cada passo desta jornada. Fique na paz, Arthur.

— Obrigado por tudo, meu amigo. Tenho certeza de que não sou merecedor do seu carinho e da sua amizade.

— Somente por ter mostrado parte da minha conquista, você faz esse tipo de afirmação. Creia que, se eu não tivesse notado seu potencial, não teria me aproximado, Arthur. Até breve.

Francisco partiu em um facho de luz, sem dar tempo a Arthur de soltar a próxima frase.

CAPÍTULO 24

Nos dias que se seguiram, Teodoro e Beatriz conversaram e analisaram as gravações e as fotografias que Camila apresentara a ele quatro anos atrás.

Os dois descobriram que, assim como as fotografias, os vídeos não passavam de montagens grosseiras. Teodoro, demonstrando constrangimento na voz, disse:

— Perdoe-me, Bia! Eu deveria ter sido mais crítico quando vi essas fotografias e os vídeos. Camila se aproveitou do meu nervosismo quando apresentou essas supostas provas de sua traição. As montagens são grotescas! Olhando para isso agora, admito que fiquei cego de ciúmes! Perdoe-me por não ter confiado no amor que você sentia. Sinto tanto por ter feito você e nossa filha sofrerem por uma calúnia daquela ordinária.

— Ainda não consigo perdoá-lo, Teodoro. A perseguição e o medo que senti de você ainda estão presentes aqui dentro. Pobre Eva! Ela teve de viver em um orfanato para que você não desse fim à vida dela!

— Eu nunca faria isso, Bia! Não sou um assassino! Dei ordens para meus homens encontrá-la, para que assinasse os papéis que tiravam seu nome do testamento de meu pai. Não achava justo que você tivesse a maioria das ações de minha empresa, afinal, eu era o único herdeiro dos Davillas. Estava com muita raiva de você, pois acreditava piamente em sua traição.

— E por essa razão sabotou o freio do meu carro e matou o motorista. Eu e Arthur não tivemos tempo sequer de ter uma conversa cordial.

— Não?!

— Não! Nem chegamos a conversar. Aquela era a primeira vez que ele conduzia meu carro comigo dentro dele. Não reconheci Arthur como meu primeiro namoradinho de adolescência, se é que se pode chamar um passeio na praça de namoro! Trocamos apenas um beijo superficial, pois Arthur logo se interessou por outra garota do bairro. Ele sempre foi um Don Juan da zona norte de São Paulo. O mais estranho foi encontrá-lo no Rio de Janeiro, no jardim da mansão. Quem o contratou como motorista?

— Edilene cuida dos empregados da mansão. Ela faz as contratações e demissões. Vamos deixar todos os pontos dessa história esclarecidos. Não quero retornar a esse assunto nunca mais. Sinto-me envergonhado e culpado por tê-las feito sofrer. Chamarei a governanta e vamos perguntar a ela como chegou à contratação do motorista.

Edilene atendeu ao chamado com presteza. Teodoro fez a pergunta, e ela, prontamente, respondeu:

— Arthur foi indicado por uma amiga sua, Teodoro. Eu cheguei a comentar com Beatriz sobre a contratação desse rapaz.

— Você já sabia?! Foi por essa razão que afirmou que foi Camila a responsável pelo acidente? — Teodoro virou-se para Edilene e perguntou: —Lembra-se do nome dessa amiga, Edi? Pode dizer sem constrangimento por Beatriz estar aqui. Que amiga é essa?

— Camila, aquela amiga com quem você teve certa intimidade na adolescência... Ela me telefonou e indicou Arthur para o cargo de motorista.

— Como ela ficou sabendo que você estava procurando um motorista para Bia? — questionou Teodoro.

— Não sei! Camila trouxe Arthur até a mansão no dia seguinte ao telefonema. Ela o apresentou a mim como sendo seu namorado, e cheguei a estranhar o fato de ela estar namorando um jovem de classe média. Colocamos o rapaz para fazer alguns testes naquela manhã. Foi Arnaldo, o seu motorista, quem acompanhou o rapaz. Quando regressaram, Arnaldo disse que Arthur havia sido aprovado. Eu não encontrei nada que o impedisse de ser contratado, então, o contratei.

— Na primeira vez que entrei no carro e disse bom dia ao novo motorista, acabei reconhecendo-o, mas não comentei nada com Arthur. É claro que eu falaria com você sobre o novo motorista quando nos encontrássemos. Naquele dia, eu me apressei a ir para a empresa, pois sua secretária havia me avisado que você tinha chegado da Europa. Eu estava com o exame de gravidez nas mãos, que acabava de ser entregue pelo motoboy do laboratório, e estava indo ao seu escritório para lhe mostrar. Eu estava tão feliz!

— Sinto tanto por todo esse desentendimento! Sempre desejei que vocês fossem felizes! Bia, posso afirmar que Teodoro sofreu muito depois que você desapareceu do hospital — comentou Edilene.

— Chegamos ao ponto certo, Edi. O que aconteceu para você desaparecer do hospital?

— Uma moça entrou em meu quarto e me disse que você havia descoberto minha traição com o motorista. Ela afirmou que você iria me matar.

— Essa moça tinha essa aparência?

Teodoro buscou entre as fotografias uma em que Camila estava acompanhada de uma amiga, que fora a duas recepções na mansão. Ele mostrou a foto para Beatriz e perguntou:

— Foi essa a moça que esteve no hospital naquele dia?

— Sim, eu nunca me esqueci do rosto dela. Foi ela, sim!

Edilene, delicadamente, pegou a fotografia das mãos de Beatriz e confirmou dizendo:

— Essa é a amiga que sempre acompanhou Camila a todos os lugares. Ela estava na festa de seu aniversário de vinte e um anos, Teodoro. Eu mesma enviei os convites. Eu estava tão feliz em comemorar sua maioridade, meu querido. Seus pais vieram da Europa para a ocasião! Eu me lembro que essa mocinha estava com Camila nesse dia.

— Agora tudo faz sentido! Camila orquestrou todo o plano para nos separar — comentou Beatriz.

— Camila não sabia que você estava esperando um herdeiro dos Davillas ou certamente teria dado fim na vida de Eva — afirmou Edilene.

— Nem fale uma coisa dessas, Edi! Essa mulher deve estar louca se imagina que eu me renderia a ela! Foi por essa razão que Camila passou a frequentar todas as festas em que eu estava presente nos últimos dois anos! Mesmo sem condições financeiras, ela estava lá. Como fui tolo! Camila tentou me seduzir em vários momentos nos últimos anos.

— Meu querido, essa mulher estava atrás de uma vida boa! Ela desejava desfrutar de sua fortuna para continuar a ser rica. Li nos jornais que o pai dela foi preso por lesar muitas empresas com as quais ele tinha parceria. Eles perderam tudo! — comentou Edilene.

— Eu sei. Uma de nossas empresas levou um golpe duro quando o pai de Camila tentou fugir do país depois de dar o golpe. Deve ser por isso que eu não suportava mais estar na presença de Camila!

— Temos de prestar queixa à polícia. Um homem morreu e Eva corre perigo! Agora ela sabe que temos uma filha, Teodoro! Precisamos protegê-la! Essa mulher é maluca e perigosa! — disse Beatriz, aflita.

— A polícia investigou o acidente e deu por encerrado o inquérito. O perito afirmou que as pastilhas dos freios foram danificadas. Sem encontrar um motivo para isso, pois seu carro era praticamente saído da fábrica, chegaram à conclusão de que se tratava de um defeito de fábrica.

— Essa mulher tentou me matar! Eu preciso desaparecer com Eva! Nós corremos perigo, Teodoro!

— Beatriz está com a razão, meu filho. Camila não deve ter desistido de conquistá-lo. Conheço essas caça-fortunas! Elas não desistem facilmente. Eva e Beatriz correm perigo, Teodoro — afirmou Edilene.

— Não vamos entrar em pânico! Contrataremos mais segurança para protegê-las. Camila não terá como se aproximar de vocês. Estou aqui para defendê-las de todo e qualquer mal que se aproximar de minha família. Não vamos assustar nossa princesinha, Bia. Ela já sofreu demais devido à armação daquela maluca. E em pensar que ajudei Camila a se colocar no mercado de trabalho. Vou pedir a cabeça dela para meu amigo, que é dono da rede de lojas de brinquedos.

— Nada disso, Teodoro. É melhor ficarmos atentos a cada passo de Camila. Nós sabemos onde ela trabalha e precisamos descobrir onde ela mora — afirmou Beatriz.

— Ela tem razão, meu querido. Essa moça já mostrou que é perigosa. Não sei como ela conseguiu sabotar o carro de Beatriz, mas ela planejou a morte de sua mulher. E por causa dela também um homem desencarnou estupidamente nesse acidente. Precisamos ficar atentos. É melhor que essa história não saia desta sala.

— Nós precisamos de ajuda, Teodoro. Eu sei com quem contar para nos ajudar.

Beatriz olhou para Edilene, que abriu um sorriso demonstrando que havia compreendido a quem Bia se referia. Ela disse:

— Maria e Francisca nos ajudarão.

— Não quero envolver pessoas estranhas nessa história. Prefiro contratar profissionais para investigar Camila. Eu cuidarei disso. Vocês podem levar a vida como se nada soubessem. Quero surpreender Camila.

— Tenho que checar se o jantar já está pronto. Ficarei atenta a tudo o que ocorrer nesta casa. Eva será minha prioridade na mansão — afirmou a governanta.

Edilene saiu do gabinete de Teodoro, e Beatriz permaneceu ao lado do marido. Ele tomou a mão dela e disse

— Novamente, eu lhe peço perdão, Bia. Sinto muito por tudo o que aconteceu. No fundo, eu desejava estar ao seu lado durante todo esse tempo. Meu coração sempre pertenceu a você. Eu a amo! Volte para este criado seu, que fará tudo para vê-la feliz. Aceita se casar comigo, minha rainha?

— Teodoro, nós ainda somos casados! E eu também sinto por tudo o que nos aconteceu. A mais prejudicada foi Eva. Ela merece ter sua família unida pelo amor. Eu também te amo, Teodoro. Apesar de temê-lo, eu ainda guardei aquele sentimento puro do início de nossa união. Lembra-se de como éramos felizes juntos?

— Nunca me esqueci dos momentos deliciosos que vivemos no passado. Ninguém nunca mais conseguirá nos separar. Controlarei o ciúme que sinto de você, meu amor! Que tal uma festa para comemorar nossa reconciliação?

— Não quero comemorar nossa reconciliação com pessoas que não conheço. Proponho uma viagem em família. Podemos levar Edilene para ficar com Eva, pois assim ficaríamos mais à vontade.

— E qual será nosso destino?

— O Caribe! Lembra onde passamos nossa lua de mel? Quero voltar para aquele hotel muito agradável. Tenho certeza de que Eva adorará o lugar.

— Mandarei providenciar nossa estadia. Darei ordem para prepararem o jatinho para amanhã.

— Ótimo! Neste momento, me sentirei mais tranquila longe do Rio de Janeiro. Precisamos manter Eva longe daquela mulher maluca. Ligarei para minhas amigas e as avisarei de nossa viagem. Elas se preocupam conosco.

— São boas pessoas. Se você confia nelas, eu também confio. Depois, poderíamos oferecer-lhes um jantar aqui para desfazer a má impressão de nosso primeiro encontro. Sei que não foi de bom-tom mandar os seguranças apontarem as armas para elas. Desculpe-me, Bia. Eu estava desesperado; não desejava perdê-la novamente. Nunca estive interessado na fortuna que meu pai doou a você. Só desejava estar ao seu lado.

— Seu tolo! Eu tive tanto medo! Não sabe como passei essa noite! Eu estava assustada e fiquei agarrada a Eva. Vamos oferecer esse jantar para elas quando retornarmos de Cancún. Quero levar nossa filha para longe do Rio de Janeiro.

— Concordo! Com você ao meu lado, esta noite será maravilhosa. Pedirei a Edi que decore nosso quarto. Quero flores e velas perfumadas para iluminar nossa noite de amor.

Teodoro puxou Beatriz para seu peito, e os dois trocaram beijos quentes.

CAPÍTULO 25

Naquela noite, depois de terminarem o jantar, Beatriz ligou para Francisca para contar-lhe tudo o que havia descoberto sobre a sabotagem de seu carro. O celular de Francisca estava no viva-voz, e Maria, que estava ao lado da filha, ouviu também a narrativa de Beatriz. Ela comentou:

— Essa Camila prejudicou a todos vocês, mas não sinta raiva dela. A raiva a prejudicará mais do que a ela. A energia gerada é extremamente densa e recai sobre você, prejudicando até seu corpo físico. Tente perdoar os erros dessa mulher, pois assim não gerará energias negativas. Você ficará bem agindo dessa forma. Cultive bons pensamentos, Bia, e lembre-se de que você é responsável por tudo que cria.

— O que está me pedindo, Maria, é algo muito difícil de fazer. Eva foi criada em um orfanato, e a culpa é dessa mulher ordinária que teme ser pobre! Não consigo ter essa santidade toda! Estou realmente furiosa com essa mulher! Se pudesse, eu a colocaria na cadeia, que é o lugar dela. O plano de Camila de agarrar um milionário acabou matando Arthur.

— Querida, não é dessa forma que as coisas ocorrem. Arthur precisou passar por essa experiência para ter o aprendizado de que necessitava. Nada acontece por mero acaso! Se ele não precisasse passar por esse aprendizado, não teria sido contratado para esse trabalho.

— Não compreendo, Maria. Qual seria o motivo de o Arthur ser vítima desse golpe?

— Não nos cabe saber o motivo, pois cada pessoa carrega uma história, e tudo fica gravado nos arquivos de experiências passadas. Não nos cabe julgar, mas, para compreendermos como o crescimento espiritual funciona, seria muito educativo se desvendássemos o segredo sobre as experiências passadas do rapaz.

— Isso seria possível? — perguntou Teodoro, que também ouvia a conversa na sala de jantar.

— Boa noite, Teodoro. Eu ouvi sua pergunta. Antes de respondê-la, quero expressar minha alegria em saber que vocês dois finalmente se entenderam. Felicito o casal e desejo que o amor esteja presente em todos os momentos da vida dos dois. Eva é uma menina de muita sorte. Quanto ao seu questionamento, devo lhe dizer que isso é possível, se realmente tiver uma função educativa para compreendermos como as engrenagens da vida levam ao crescimento evolutivo. Como disse a Beatriz, nada ocorre ao acaso na vida. Tudo é escolha, e as escolhas trazem consequências agradáveis ou não!

— Lei de ação e reação — disse Edilene, que estava ao lado deles à mesa do jantar. — Desculpe-me por tê-la interrompido, Maria. Eu gosto muito de falar sobre esse assunto. Sabe que sou uma estudiosa da espiritualidade e de como a vida funciona.

— Minha amiga, que prazer falar novamente com você. Pode interromper quando desejar, Edi. Você é uma mulher experiente neste assunto. E que bom que é estudiosa das leis universais! Pedirei a Francisco que nos traga material para estudo sobre o assunto. Desvendar os "porquês" é extremamente edificante para compreendermos as leis que agem sobre nós.

— A senhora fala com os espíritos? — perguntou Teodoro admirado.

— Minha mãe tem sensibilidade extrafísica, Teodoro. Ela fala com os espíritos, e eles respondem. Pois falar qualquer um consegue... desculpa a brincadeira. Não resisti.

— Você tem bom humor, Francisca. Isso é bom. Preciso me desculpar por ontem à noite. Eu estava muito nervoso. Não queria perder minha mulher novamente. Você não tem ideia de como foi incrível saber que sou pai de uma menininha tão linda e delicada. Eu não suportaria ficar longe de Eva e de Beatriz. Perdoe-me por colocar meus seguranças contra vocês.

— Está perdoado, Teodoro. Estou feliz em saber que tudo está bem entre vocês agora. Eva merece ter uma família completa ao seu lado. Ela é uma menina especial! Devo informá-lo de que sua filha também tem forte sensibilidade extrafísica. É muito bom saber que vocês têm Edilene para orientá-la nesse sentido.

— Minha filha é como a sua mãe?

— Nós notamos essa característica em Eva. Saiba que ela é muito sensível e que em seu campo áurico se notam as cores do arco-íris. Eva é o que os cientistas que estudam essa área chamam de criança cristal. A energia que ela emana é cristalina, pura.

— Minha menina é especial em todos os sentidos. Quero estudar esse assunto para descobrir exatamente o que isso quer dizer. Você mencionou que existem estudos científicos a esse respeito?

— Sim, há cientistas renomados que estudam o assunto. Busque na internet por crianças cristais. Que bom que você se interessou pelo assunto. Para a educação intelectual de Eva, seria maravilhoso que as pessoas que a amam compreendessem o que se passa com ela. Não encontrei em você o monstro que minha amiga temia; percebi que o monstro passou a ser um homem lúcido e de sentimentos nobres. Fico feliz por Beatriz, e principalmente por Eva, que esse mal-entendido tenha terminado.

— Obrigado. Faço questão de conhecê-las, agora de uma forma mais cortês e carinhosa. Fui muito rude com vocês. Beatriz expressou o desejo de convidá-las para um jantar em nossa casa, mas estamos receosos com a presença de Eva no Rio de Janeiro. Conseguimos legalizar os documentos de nossa filha e podemos sair do país. Quanto ao sequestro de Eva do orfanato, isso também foi esclarecido. O juiz da Vara da Infância e da Juventude arquivou o caso, logo, vocês e Beatriz não devem nada para a justiça. Meus advogados resolveram tudo em tempo recorde. Nós passaremos uma temporada viajando, mas, assim que voltarmos, esse jantar será nossa prioridade.

— Que coincidência! Eu e mamãe estamos com os passaportes carimbados para viajarmos ao Caribe. Passaremos as férias em Cancún. Partiremos amanhã cedo.

— Que maravilha, Fran! Nós seguiremos para lá também, amanhã cedinho. É a Bia que está falando agora, amiga. Nós nos encontraremos em Cancún.

Teodoro interrompeu Beatriz e disse:

— Nada disso! Cancelem as passagens de avião. Vocês serão minhas convidadas nesta viagem. Enviarei meu motorista para apanhá-las às sete horas, e às oito partiremos em nosso jatinho.

— Mas eu estou muito chique! Obrigada, Teodoro. Tem certeza de que não o incomodaremos com nossa presença? — perguntou Francisca.

— De forma alguma! Vocês são amigas leais de Beatriz. Ajudaram minha filha a retornar para a mãe com segurança. Esforçaram-se para protegê-las e não desejaram nada em troca. Mostraram que são pessoas honestas, e esse ponto no caráter das pessoas conta muito na minha concepção. Sempre estive rodeado de pessoas interesseiras e ter amigas como vocês é muito gratificante. Edilene quer conversar com vocês. Sinto que ela está ansiosa.

— Que bom saber que estaremos todas juntas nesta viagem. Eu também estou chique como vocês. Fui convocada a viajar com o casal e Eva. Vamos todas juntas. Será muito agradável estar com vocês em Cancún.

— Mamãe vibrou de alegria ao saber que terá a companhia de Edilene. Obrigada, Teodoro e Beatriz. Até amanhã. Beijos a todos. Mamãe mandou beijos. Boa noite — disse Francisca.

Depois de desligarem o telefone, todos continuaram a organizar o que faltava nas bagagens. Francisca ligou para a companhia aérea e conseguiu cancelar as passagens. A felicidade estava em todos os ambientes da mansão e no pequeno apartamento de Maria e Francisca.

Ela comentou com a mãe:

— Não imaginei que a Bia ainda amasse o ex-marido dessa forma. Será que essa reconciliação não foi rápida demais? Da forma como ela temia esse homem... Confesso que estou impressionada com esse enlace rápido. Talvez a Bia tenha um plano em mente para levar Eva com ela e desaparecer das vistas do ex-marido.

— Querida, você não entendeu! Beatriz sempre amou Teodoro! Ela "o temia" pelo mal-entendido que houve entre eles. A vida está agindo neste momento para colocar tudo nos devidos lugares. Às vezes, o amor é testado para ver se esse sentimento nobre resiste entre as pessoas. Beatriz e Teodoro passaram por turbulências fortes nesse sentido, e penso que não foi tão repentina assim essa reconciliação. A chama do amor ainda estava acesa. Bastaram apenas um olhar e palavras doces carregadas de amor para que os dois se rendessem ao sentimento que os une há muitas vidas.

— Mamãe, meu pai tem alguma coisa a ver com isso?

— Francisco trabalha neste caso, e eu lhe garanto que ele rege esse caso como um grande maestro rege sua orquestra. Estava na hora de Beatriz e Teodoro seguirem a jornada evolutiva juntos ou separados de uma vez por todas. Mas creio que a melodia do amor foi a escolhida por eles.

— Então, tudo que ocorre em nossa vida é planejado pelos espíritos?

— Tudo é planejado e, às vezes, ricamente arquitetado, mas quem escolhe o caminho é a pessoa. Não se esqueça do livre-arbítrio. Os desafios são lançados, e escolhemos como enfrentá-los.

— Então, se a Bia não aceitasse reatar esse casamento, ela conseguiria?

— Sim, ela fez uso de seu livre-arbítrio, mas creio que essa separação seria ainda mais difícil do que foi a fuga de Bia na primeira vez. Teodoro é um homem intolerante quando é rejeitado, mas, pelo bem de Eva e pela harmonia da família, eles escolherem seguir juntos.

CAPÍTULO 26

Quando as luzes da mansão se apagaram, tudo era felicidade no quarto do casal, que se entregou ao amor. Depois de quatro anos de saudade, Teodoro foi muito gentil e carinhoso com Beatriz.

Mas, na ala dos empregados da mansão, no quarto da copeira, a luz do celular reluzia, clareando o rosto e parte da cama de Valquíria. Ela trocava mensagens com Camila. As duas eram amigas desde quando Teodoro e Camila tiveram um namoro na adolescência.

Valquíria era a filha mais velha do jardineiro com sua primeira esposa, e a família morava na casa no fundo da propriedade. Quando a moça completou dezesseis anos, foi contratada como copeira da mansão. Edilene atendeu ao pedido do jardineiro e a contratou. A mãe de Valquíria foi embora da mansão e separou-se do marido, quando um novo amor entrou na vida dela. Pouco depois, o jardineiro preencheu o vazio de sua vida com uma nova mulher, mas Valquíria e a esposa do pai não conseguiram se entender para viverem sob o mesmo teto.

Camila notou a tristeza da mocinha e decidiu fazer dela sua aliada, para conseguir manter-se informada de tudo o que se passava dentro da mansão. Assim, Camila acabou convencendo Edilene a colocar Valquíria em um quarto na ala dos empregados.

A moça ficou muito grata a Camila e decidiu colaborar com ela em troca de algumas roupas usadas e de alguns mimos que recebia por pequenos serviços prestados.

Naquela noite, Valquíria ficou até mais tarde na cozinha ouvindo a conversa dos patrões na sala de jantar e enviou tudo o que descobrira para Camila por meio de uma mensagem. No passado, era Valquíria quem informava a amiga de tudo o que se passava na mansão.

Ao receber a mensagem, Camila ficou possessa de raiva e disse com a voz alterada:

— Eles não conseguirão se livrar de mim assim tão fácil! Ainda terei Teodoro em meus braços por bem ou por mal! Essa criança e a mãe não pegarão o que é meu! Não ficarei neste quartinho minúsculo e nojento por muito tempo. Eu quero tudo o que é meu por direito! Quem teve o céu não pode se contentar em viver no inferno!

Camila perdeu o sono e foi até a janela, onde podia avistar o mar do alto do morro.

— Pelo menos, a vista desta janela é a melhor que a cidade pode oferecer. Ô, meu pai...! Por que entrou num caminho sem volta? Tornou-se um vigarista! Olhe onde sua desonestidade me colocou! Eu tive uma vida de luxo e muita riqueza. Tudo o que eu desejava estava ao alcance de minhas mãos. Se pudesse ir para Cancún... Preciso pensar em uma maneira de comprar uma passagem para o Caribe. Amanhã mesmo, pedirei as contas na loja e, com o pagamento que tenho para receber, darei um jeito de comprar a passagem.

Camila falava sozinha olhando a vista da janela do pequeno quarto alugado na casa de uma senhora. O som de sua voz incomodou quem desejava dormir, e ela ouviu um grito que ecoou forte na redondeza.

— Cala essa boca, piranha!

Camila estremeceu de medo. Fechou a janela, apagou a luz do abajur e deitou-se em sua cama, sem fazer qualquer tipo de som para não perturbar a vizinhança. Ela não queria chorar, mas as lágrimas insistiam em rolar por suas faces. A moça chegara a acreditar que nunca mais conseguiria chorar depois do golpe duro de ver seu pai ser preso após fugir do Rio de Janeiro.

Camila recordava-se da cena que fora ao ar diversas vezes nas emissoras de televisão. Seu pai foi perseguido e preso pela polícia local em uma estrada do estado de São Paulo, e ela nunca sentiu tanta vergonha na vida. Pouco depois, Camila também descobriu que a mãe e a irmã caçula haviam fugido com o que sobrara da grande fortuna da família e perguntava-se constantemente por que elas não a avisaram sobre seus planos de fuga. Por que a mãe a abandonara quando ela mais precisou de ajuda?

Camila ainda a desconhecia a localização da mãe e da irmã e, depois desse triste golpe que sofrera, buscava por informações sobre o paradeiro das duas. Ela não desistiria de encontrá-las e jogar seu ódio sobre ambas.

A vida para Camila tornara-se desagradável. A solidão e a falta de dinheiro fizeram-na conhecer um lado mais rude da vida. Ela, contudo, não percebia o quanto havia crescido depois desse golpe e do acidente que a deixara dois anos praticamente imóvel da cintura para baixo. Camila foi obrigada a usar sua força para se manter viva e saudável e foi com esforço e fisioterapia que ela voltou a andar. Com seus valores extrapolados, a moça, contudo, não admitia que pudesse ser feliz com o que conquistara sozinha. Os desafios que a vida lhe impusera foram duros demais para seu ego admitir que fora bom conhecer uma vida modesta. O que mais importava a Camila era ser novamente notada pela sociedade carioca, e, para que seus planos dessem certo, ela precisava se tornar a senhora Davilla. Não importava se tivesse de passar por cima de Eva e Beatriz como um trator, esmagando-as, como a vida fizera com ela.

Camila decidiu que se envolveria com o chefe do tráfico de drogas da comunidade em que ela morava. Para ela, era tudo ou nada.

A alegria dentro do jatinho era contagiante. Eva soltava seus gritinhos, espargindo alegria em todo o ambiente. Enquanto Francisca, Maria e Edilene brincavam com a menina, Beatriz e Teodoro mantinham-se abraçados, trocando juras de amor nos assentos mais ao fundo da aeronave.

Maria comentou com Edilene:

— Os dois têm sobre a cabeça uma coroa de luz brilhante no ponto do chacra coronário, que se localiza ali.

— Gostaria de poder enxergar as cores da energia como você! Deve ser muito interessante conseguir ver a felicidade das pessoas.

— Nem tudo são flores, minha amiga! Se consigo ver a luz, em contraponto vejo também a escuridão que circunda algumas pessoas que estão perdidas e iludidas da realidade.

— Você também pode ver os espíritos errantes?

— Sim. Eu os vejo constantemente. Eles vêm buscar ajuda, mas nem sempre posso ajudá-los. O resgate desses irmãos independe da minha vontade. Francisco me orienta nesse sentido.

— Deve ser desagradável para você vê-los e não poder fazer nada por eles.

— É muito triste ver o quanto se desviaram do caminho do bem! Muitos chegam rastejando e vestindo farrapos. O que eu posso fazer é lhes dar um pouco de alento. É como se alguém lhe pedisse uma jarra de água para aplacar a sede e você só pudesse lhe dar um copo. Isso se dá porque tudo tem seu tempo de maturação, como sempre diz Francisco.

— Compreendo o que está dizendo. Não adianta lhes dar o que não conquistaram por mérito. O mais importante é merecer esse copo d'água.

— Edi, que bom poder conversar com você a respeito disso. Saber que falamos o mesmo idioma nesse sentido me deixa muito feliz. Francisca também me compreende e trocamos informações reconfortantes a respeito da espiritualidade e de como a vida funciona, mas ter alguém que me compreende é delicioso. Não sabe o quanto me sentia sozinha e incompreendida antes de Francisca se interessar por esse assunto.

— Eu também me sentia assim, como se tivesse desencaixado e vivesse à margem da maioria das pessoas

É como se falasse outra língua. Quer me ver desanimada? Isso acontece quando fico perto de pessoas que se queixam o tempo todo. A negatividade que a pessoa emana no ambiente me deixa irritada. É desagradável estar próximo de pessoas que usam um vocabulário rude e defendem um ponto de vista com afinco, sem, contudo, notarem que a opinião que desejam manifestar com tanta fúria não interessa a ninguém.

— Compreendo bem! Enquanto queremos ficar em paz, essas pessoas buscam a guerra e a confusão que vivem dentro delas. Como é bom manter a mente lúcida e cultivar a energia positiva! Mas, se não tivéssemos que aprender mais nada com elas, penso que não estaríamos vivendo neste mundo. É preciso ter paciência e manter a lucidez ou viver como um eremita no alto da montanha.

— Ainda gosto de estar ao lado das pessoas que estimo, mas viver um tempo isolada deve ser muito bom.

— Se é! Eu costumava passar as férias no chalé de nossa família na Chapada dos Guimarães. Eu, Francisco e nossa filha! O som da mata é delicioso! E quando entravamos nas cavernas que existem por lá... Ah! Como é bom o silêncio. Você já passou por essa experiência? Ficar um dia inteiro dentro de uma caverna?

— Nunca sequer entrei em uma caverna, Maria.

— Gostaria de experimentar o silêncio e a paz de uma?

— Sim, adoraria. A natureza sempre me acolheu nos momentos mais aflitivos de minha vida, mas não tenho muito tempo para apreciá-la como gostaria. Colocar ordem na mansão não é uma tarefa fácil. Tenho de orientar uma equipe grande de funcionários.

-- Podemos nos organizar para passarmos uma temporada no chalé depois de retornamos do Caribe. O que acha?

— Sem dúvida, é uma grande ideia, mamãe. Não tivemos tempo de mostrar para Eva a cachoeira que há no fundo de nosso quintal e a caverna com o lago que fica ao lado do sítio.

— Quero conhecer a cachoeira, tia Fran. Queria pegar minha bonequinha que a mamãe me deu e ficou lá no mato. Ela caiu quando me colocaram no helicóptero.

— Filha, por que deseja aquela boneca? Seu pai lhe deu um quarto cheio de brinquedos — comentou Beatriz, que passou no corredor do jato e seguiu para o toalete.

— Eu adorei todas as bonecas que papai comprou, mamãe, mas eu queria aquela para dar de presente para Milena. Ela gosta muito de bonecas.

— Querida, seu papai comprará um caminhão de brinquedos e doará para o orfanato.

— Eu queria tanto que Milena pudesse viver em nossa casa, papai. — Teodoro também saiu de sua poltrona e seguia em direção à cabine para conversar com o piloto. — Minha cama é grande, e minha amiguinha cabe direitinho ao meu lado. Nós dormíamos de mãos dadas lá no orfanato.

Teodoro regressou da cabine do piloto e ouviu as últimas palavras de Eva. Após retornar ao seu assento, ele olhou para Beatriz e disse em tom baixo:

— Não suporto ouvir nossa filha falar desse orfanato! Me sinto culpado por ela ter crescido nesse lugar! Parece que eu a negligenciei, e isso me corrói por dentro. Sei que errei quando dei ouvidos a Cami...

Beatriz colocou o dedo sobre os lábios de Teodoro e disse:

— Nunca mais quero ouvir o nome daquela mulher, Teodoro! Estamos recomeçando, e não existe lugar para o mal em nossas vidas. Estou aprendendo muito com minhas amigas. Quero ser positiva como elas. Se existe escolha, eu escolho ter uma vida extraordinária na alegria. Sou muito grata à vida para ficar me lamentando pelos cantos, como eu fazia antes. Minhas lamentações me causaram apenas dor e sofrimento. Basta de negatividade. Sei que, um dia, aquela mulher terá um aprendizado firme, e as consequências podem não ser agradáveis para ela. Não a julgo pelo que ela fez, mas, naturalmente, não quero que aquela mulher nos atinja com sua maldade. Por essa razão, decidi que ela e sua maldade não entrarão mais em nossa vida. Alegria, amor! Nós estamos juntos e felizes! Eva só tem quatro anos, e o tempo fará com que esqueça sua primeira infância. Vamos dar a ela nossa alegria e compartilhar com todos que merecem nossa felicidade.

— Você é incrível! Eu a amo muito, Beatriz. Gostaria de aprender a ver a vida com otimismo e ficar no bem sempre. Creio que nossas professoras estão bem ali à nossa frente. Maria e Edilene descobriram que comungam dos mesmos valores e possuem crenças bem parecidas. Francisca é o fruto de uma boa educação e tem valores compatíveis com os que recebeu de seus pais. Quero dar a Eva valores como Maria passou para sua filha.

— Que bom que percebeu que elas são pessoas especiais! Eu estava temerosa que desejasse mandar Eva para o mesmo colégio interno em que estudou, fora do Brasil.

-- Jamais enviaria nossa filha para um colégio fora do Brasil, Bia. Quando estudei fora, sentia muitas saudades dos dias ensolarados e do calor do Rio de Janeiro. Não sabe como é sem graça ter de lidar com um inverno gelado e cinza quase o ano inteiro. As pessoas que vivem lá não têm a alegria dos brasileiros, pois são muito contidas. Não existe um sorriso para desejar um bom-dia. Não quero isso para nossa filhinha. Temos colégios bons no Rio de Janeiro. Depois de voltarmos de nossas férias, vamos matricular Eva em uma boa escola.

— Tão cedo assim? Não queria ficar longe dela. Penso que podemos contratar uma professora para lhe dar aula em casa.

— Contrataremos uma babá, mas acho que Eva gostaria de ter a companhia de outras crianças.

— Eva estava acostumada com muitas crianças à sua volta, mas é de Milena que ela realmente sente falta. Elas cresceram juntas... e se adotássemos Milena...

— Não!

— Sua reação foi rápida em negar! Por quê?

— Daremos a essa garotinha uma boa vida e nada lhe faltará, mas mantê-la ao lado de Eva não seria bom. Isso remeteria nossa filha ao tempo em que viveu no orfanato. Eu fico angustiado só em imaginar que essa lembrança permanece na memória de Eva. A culpa foi minha por ela ter sido criada como uma órfã! Eu deveria ter protegido nossa filha, mas não o fiz. Compreende, Bia?!

— Acalme-se, Teodoro. Você não foi o culpado direto disso tudo. Eu poderia ter o enfrentado e resolvido as questões como resolvemos em uma conversa sincera, e nada disso teria ocorrido em nossas vidas. Foram quatro anos de sofrimento para nossa família. Se não deseja a presença de Milena na mansão, eu compreendo. Não tocaremos mais nesse assunto.

— Desculpe! Eu realmente desejo ver nossa filha feliz. O que acha de ela ter um irmãozinho?

— É uma possibilidade nossa família aumentar no futuro. Podemos planejar um novo herdeiro — Beatriz falou em um tom mais elevado, e Edilene disse:

— Nós ouvimos bem o que disse, Beatriz? Planejam um novo herdeiro?

— Em breve, daremos a você mais um fruto de nosso amor, Edi — disse Teodoro.

— Não é para agora. Estamos planejando. Penso que eu e Teodoro merecemos ver uma criança crescer em nossos braços — afirmou Beatriz.

Edilene levantou-se para ir ao banheiro da aeronave e, ao passar por Teodoro, disse baixinho:

— Recorda-se da aposta que fizemos?

— Sim. Você já encontrou a pessoa certa para apostar? Lembre-se de que essa pessoa não pode ser corrompida pelo dinheiro.

— Eu aposto na Fran.

— Ela! Penso que você tem grandes possibilidades de ganhar essa aposta. Darei a ela um milhão de reais.

— Tem certeza de que deseja continuar com essa aposta, filho?

— Essa moça mostrou que tem valor e é uma pessoa íntegra. Você ganhou, Edi. Um dia, darei a Fran o pagamento de nossa aposta.

A viagem transcorreu tranquila, e o jatinho, finalmente, pousou no aeroporto de Cancún. Uma limusine aguardava os passageiros perto da pista de pouso. Teodoro fez questão de que Maria e Francisca se hospedassem no mesmo hotel que eles.

— Mas não temos reserva para ficar no hotel, Teodoro. Nesta época do ano, a cidade está repleta de turistas!

— Eu pedi para minha secretária reservar uma suíte para vocês, assim que fizemos o convite para virem conosco nesta viagem. Tomei a liberdade de garantir que aproveitem o melhor que essa cidade tem para oferecer. Não se preocupem. Não terão despesas aqui.

— Por favor, aceitem. Dessa forma, posso compensar a despesa que lhes dei na fuga... — disse Beatriz, ruborizada.

— Faço questão de arcar com todo o prejuízo que tiveram naquela fuga, afinal, a culpa foi minha. Nunca mais darei ouvidos à maldade alheia e prometo controlar meus impulsos de fúria. Como disse a Beatriz, desejo aprender muito com vocês. E vamos nos divertir muito no Caribe!

Todas sorriram diante da forma como Teodoro se expressou, levantando o braço para o alto, com se brindasse no ar com uma taça que não existia em sua mão naquele momento. Todos, então, entraram na limusine que acabava de estacionar ao lado do grupo e que os levaria ao hotel mais luxuoso da cidade.

CAPÍTULO 27

Arthur saiu da sala dos espelhos um tanto constrangido por ter assistido a uma parte dos registros gravados de seu passado. Ele sentiu a culpa pesar sobre seus ombros e questionou-se: “Por que entrei daquela forma na vida das mulheres que me atraíam?”. Arthur era implacável como conquistador. As moças que não caíam de amores por ele eram justamente aquelas que o rapaz desejava seduzir com mais afinco.

Arthur percebeu que a sedução se tornara uma característica de sua personalidade e estava intrincada em todas as encarnações que ele assistira até ali. O rapaz perguntou para Francisco:

— Por que sou desse jeito? Veja quanto estrago eu causei na vida dessas mulheres! Por que não me apaixono por uma mulher e passo a vida inteira ao lado dela, como muitos outros homens fazem?

— Não se cobre tanto, Arthur. Aceite as coisas como elas são. Você é o que pode ser. É um sedutor e gosta do sabor de cada conquista.

— Eu entrei em grandes confusões por agir dessa forma! Preciso mudar essa falha grave de caráter. Quantas vezes desencarnei nas mãos dos maridos que foram traídos! Isso não está certo, mestre Francisco. Preciso de ajuda ou nunca sairei dessa situação.

— Somente você pode controlar seus instintos. Essa missão é somente sua, mas se deseja ajuda... eu o enviarei na próxima encarnação como uma mulher belíssima. Assim, você saberá como é desagradável para ela quando um homem insiste em seduzi-la e depois a abandona.

— Penso que eu não seria uma mulher delicada e feminina. Sou bruto e grosseiro. Definitivamente, não quero encarnar como mulher. Não está em minha essência.

— Quanta tolice, Arthur! Para colher experiências terrenas não existe gênero! O que realmente conta é o resultado do aprendizado. Eu desejo que você prove a si mesmo que pode enfrentar os desafios que a vida lhe impuser, quando reencarnar, de uma forma pacífica e lúcida. Não seria bom se você usasse o equilíbrio e o respeito às mulheres para encontrar um amor? Arthur, você é um sedutor! Infelizmente, esse é um traço peculiar de sua personalidade que precisa de equilíbrio.

— Seria muito bom não ferir mais ninguém enquanto estivesse encarnado. Por que não consigo amar apenas uma mulher, Francisco?

— Quer assistir a uma cena de seu passado, em que jurou para si mesmo que nunca mais amaria ninguém daquela forma?

— Essa cena tocará fundo em meu ser? Mas se é um remédio amargo que devo beber... tomarei de uma só vez para esclarecer o motivo pelo qual eu ajo assim.

— Olhe para o espelho que está ao seu lado esquerdo e veja o que aconteceu com John Luk, quando ele caminhou pelas terras inglesas em plena era medieval.

O espelho iluminou-se e surgiu a imagem de um cavaleiro usando armadura, disputando um torneio em nome de sua dinastia feudal. O lorde John Luk, antes de colocar o elmo sobre sua cabeça, buscava por sua amada, Olívia. Ele a conheceu quando ela era ainda uma menina e usava tranças em seus cabelos.

Olívia era uma jovem belíssima, dona de um olhar sedutor, e por onde passava sua beleza era notada. Ela era filha de um casal de nobres do feudo ao qual ele pertencia. O jovem John Luk se encantou por ela já na infância e o pai de Olívia deu sua palavra de que os dois se casariam quando chegasse a hora certa de contraírem matrimônio.

John Luk fazia tudo para roubar um beijo dos lábios de sua amada, mas Olívia esquivava-se, alegando que seu pai a proibira de se aproximar de um homem antes de casar-se.

O jovem John Luk esperou ansiosamente o tempo passar para ter sua amada em seus braços. Ele amava Olívia intensamente.

O tempo passou, e faltavam apenas dois dias para as bodas dos jovens. Haveria um torneio no castelo da família de John, que fez questão de ser o desafiante dos visitantes que participariam do torneio.

John Luk havia vencido três dos concorrentes em diversas modalidades do torneio, e chegava o momento da disputa entre cavalos e lanças. O cavaleiro mais forte e rápido derrubaria ou deixaria ferido o adversário e seria o vencedor.

Antes da última disputa, John Luk foi ao encontro de sua amada Olívia para roubar-lhe um beijo de boa sorte. Ao entrar de surpresa no jardim, que circundava a casa de sua amada, ele a flagrou nos braços de um camponês, trocando o desejado beijo de amor que ele tanto almejava.

Furioso, John Luk partiu com toda a sua fúria sobre o casal, e, em segundos, os dois estavam sem vida no gramado do belo jardim. Ele, então, limpou sua espada antes de guardá-la novamente na cintura.

Quando entrou no torneio contra um dos melhores adversários na disputa entre cavalos e lanças, John estava furioso e muito triste. Ele logo recebeu uma forte estocada no peito e acabou caindo de sua montaria violentamente. Com os ossos quebrados, o rapaz começou a agonizar lentamente.

John Luk sofreu por alguns meses no leito até que desencarnou, jurando que nunca mais amaria somente uma mulher.

— Você jurou com toda a força de seu ser que nunca mais amaria uma mulher apenas e acabou se tornando um Don Juan em todas as outras encarnações. Reconheceu quem era a mulher que um dia você amou e o camponês que ela amava?

Arthur olhou para a imagem que ressurgia na tela. Lá estavam os traidores. Aos poucos, as feições foram se modificando até se transformaram nos rostos conhecidos de sua última encarnação. Beatriz e Teodoro. Indignado, Arthur perguntou:

— Esses dois ainda estão juntos?!

— O sentimento que os liga é verdadeiro, e os dois seguem juntos em seus aprendizados. Enquanto for favorável para eles seguir o caminho da evolução unidos pelo amor, eles estarão juntos. Você não conseguiu separá-los.

— Compreendo que eu poderia ter feito outras escolhas e não fiz. Preciso reverter essa jura descabida. Não quero ser um sedutor barato, que acaba sempre se metendo em confusão. Mestre Francisco, pode me dizer o tamanho da encrenca na qual estou emaranhado?

— Você se comprometeu com muitas pessoas ao se tornar o desafio que elas precisam superar, mas não fique triste. Com essa personalidade sedutora, você sempre será um instrumento que a vida dispõe para testar os que precisam desse tipo de aprendizado.

— Então, não estou tão encrencado com os casamentos que destruí?!

— Arthur, você semeou a discórdia entre casais e seduziu mulheres por onde passou. Você realmente acha que não se comprometeu com nenhuma delas?! O grande garanhão tem um longo aprendizado pela frente. É preciso encontrar o equilíbrio de suas emoções constantemente. O que sabe sobre o amor verdadeiro, Arthur?

— Não sei nada sobre o amor, mestre Francisco. Essa será uma lição dura de se aprender?

— Não, basta controlar seus instintos de sedução. Tente encontrar uma mulher e lhe ser fiel por uma existência terrena.

— Isso será difícil. Eu gosto da conquista e não suporto ficar muito tempo com uma mulher. Talvez eu não tenha conserto nesse sentido! Nós estamos falando da minha natureza.

— O problema é que você se compromete fazendo cada vez mais inimigos por onde passa! Jamais lhe apresentarei a minha cara-metade — brincou Francisco.

— É melhor não fazer isso, pois sou capaz de seduzi-la! Não sei me controlar quando vejo uma mulher bela.

— A solução para você é reencarnar como mulher da próxima vez. Apenas sentindo na pele o abandono quando se está apaixonado, você poderá iniciar sua mudança.

— Não faça isso, mestre Francisco. Sou tão apaixonado pelas mulheres que sou capaz de me tornar narcisista e não sair mais da frente do espelho!

—É muito bom sentir amor-próprio, mas, como tudo na vida, deve ser sem exageros. Que tal o caminho do meio?

— E qual seria esse caminho, mestre?

— Você ainda descobrirá. Por hoje, chega de visitar o passado. Creio que você já tem bastante material para ser trabalhado em sua mente. Retorne para seu alojamento e descanse um pouco. Em breve, continuaremos essa jornada incrível ao seu passado errante.

Francisco sorriu e desapareceu, viajando na velocidade do pensamento.

CAPÍTULO 28

Os dias que se seguiram foram de diversão para o grupo de viajantes. Beatriz e Teodoro brincavam com Eva durante o dia e, à noite, deixavam a filha aos cuidados das amigas para que pudessem sair para dançar e namorar.

Teodoro alugou um iate de luxo, e o grupo conheceu diversas ilhas chegando até as Bahamas. Foram dias agradáveis a bordo da embarcação. Francisca estava feliz e gostava de ficar no convés superior no fim da tarde para ver o pôr do sol. Um tripulante estava encantado com a beleza da moça, mas não tinha coragem de abordá-la para uma conversa amistosa.

Foi em um fim de tarde que, enquanto arrumava um armário, o marinheiro chamou a atenção de Francisca para o local onde os coletes salva-vidas ficavam à disposição para quem desejasse nadar em mar aberto. Ele apresentou-se à moça com gentileza:

— Se a senhora desejar nadar, eu estarei à sua disposição. Meu nome é Álvaro. A qualquer hora, pode solicitar um mergulho, especialidade na qual eu tenho muita experiência.

— É bom saber que temos um professor de mergulho no iate! Adoraria mergulhar nesse mar de cor azul-turquesa. Pode me dar uma aula e me acompanhar em um mergulho?

— Será um prazer ensiná-la a mergulhar, senhorita...?

— Desculpe, não me apresentei. Sou Francisca, mas pode me chamar de Fran. Álvaro, você não tem sotaque como os nativos daqui que tentam falar português. Você é brasileiro?

— Sim! Nasci em São Paulo, mas vivia no Rio de Janeiro antes de sair navegando por esses mares.

— Um paulista perdido nas Bahamas! Como veio parar aqui?

— É uma longa história, Fran, mas, para resumir, eu entrei em um navio de cruzeiro para fazer parte da tripulação. Depois de alguns anos navegando entre a Europa e as Américas, o navio parou no Porto da Flórida. Foi nesse porto que arranjei outro emprego, e aqui estou trabalhando neste iate. Encontrei tanta beleza nas ilhas da América Central que, em dez anos de navegação, acabei não retornando mais para o Rio de Janeiro. Essa é minha história.

— Compreendo por que não sente vontade de voltar para o Brasil. Este lugar é deslumbrante por sua beleza natural. A cor desse mar nos convida para um mergulho.

— Amanhã cedo, poderíamos fazer o primeiro mergulho. Darei as instruções de como mergulhar com segurança. Tenho certeza de que ficará encantada com a beleza do fundo do mar. Vamos conhecer um berçário marinho com muitos corais e diversas espécies de peixes.

— Falarei com Teodoro e Beatriz. Talvez eles também desejem mergulhar conosco.

Nesse momento, o casal subia até o convés superior para apreciar o pôr do sol. Atrás deles vinham Maria, Edilene e Eva. A menina falou:

— Eu quero mergulhar com a tia Fran, papai.

— Não sabia que havia um instrutor de mergulho a bordo do iate — disse Teodoro.

— Boa tarde a todos. Sou um mergulhador experiente e tenho certificado da Marinha local para mergulhar em qualquer parte do arquipélago. Se desejarem, serei o instrutor de todo o grupo, senhor Teodoro.

— Eu sei mergulhar, mas minha esposa não sabe. Ela nasceu em São Paulo e morava muito distante do mar. Acho que ela não sabe nadar.

Eva respondeu:

— Eu não sei nadar, papai, mas quero mergulhar. Posso?

— Querida, se não sabe nadar, como conseguirá mergulhar? Será melhor ficar no barco — Beatriz respondeu preocupada, mas Teodoro, que desejava realizar todos os desejos da filha, tornou:

— Eva deseja mergulhar, e nosso instrutor ensinará nossa menina.

— Seria um prazer ensiná-la, mas apenas crianças com oito anos ou mais podem mergulhar com tanque de oxigênio, senhor. É melhor ensiná-la a nadar para não ocorrer acidentes desnecessários. Sugiro um mergulho superficial com snorkel.

— O que é snor... o que é isso, mamãe?

— São óculos que cobrem dos seus olhos até a altura do nariz. Neles você coloca uma espécie de canudo na boca, o que permite que sua cabeça fique embaixo d'água e você possa ver os peixinhos nadando no mar.

— Papai, o senhor compra um snoq...?

— Compraremos quando desembarcarmos na próxima praia, querida.

— Posso marcar o mergulho para todo o grupo, senhor Teodoro?

Teodoro olhou para Maria e Edilene indagando-as sobre o mergulho. Maria disse:

— Confirme minha presença neste mergulho. Quando era jovem, eu e Francisco costumávamos mergulhar na praia do Arpoador.

— Edi, você sabe mergulhar?

— Não sei. Nunca tive tempo para viver essas aventuras.

— Ela estava sempre cuidando da criança que precisava ficar em casa, não é verdade, Edi? — perguntou Teodoro.

— Não fale com esse ar de tristeza na voz. Eu e você nos divertíamos muito na mansão quando seus pais não estavam.

— Nós nos divertíamos o tempo todo, pois meus pais nunca estavam no Brasil. Edi, você deseja fazer esse mergulho?

— Senhora, eu sou um bom instrutor e não é difícil usar o equipamento. Lá embaixo é muito bonito.

— Aceito tentar mergulhar. Se não conseguir, ficarei no convés com Eva.

— E quanto a você, meu amor? Deseja mergulhar amanhã?

— Não sei, Teodoro. E se eu não conseguir me adaptar ao equipamento?

— Eu estarei o tempo todo ao seu lado. Será divertido! O fundo do mar no Caribe é muito bonito, como disse nosso instrutor.

— Aceito esse desafio, mas não quero que fique preocupado comigo, amor.

O sol se pôs deixando um rastro dourado no céu, e parte do grupo desceu do convés superior. Apenas Francisca continuou ali sentada, apreciando a beleza da noite que se aproximava, trazendo o brilho reluzente da primeira estrela. Álvaro aproximou-se de Francisca e disse:

— Sua beleza à luz do luar me reporta a um tempo que não consigo me lembrar ao certo. Não sei onde nem quando estivemos juntos apreciando a beleza do céu estrelado, mas tenho certeza de uma coisa: eu a conheço, Fran.

— Estranho, pois também sinto que o conheço de algum lugar... Só não me recordo de onde. Seu rosto me é familiar. Será que estudamos no mesmo colégio no Rio de Janeiro?

— Eu estudei em São Paulo, onde passei a infância, a adolescência e parte da minha juventude.

— Quem sabe na faculdade? Eu estudei hotelaria na UERJ — disse Francisca.

— Pela nossa idade aparente, calculo que nessa época eu estava a bordo de um transatlântico, trabalhando em um navio italiano. Você fez algum cruzeiro durante a faculdade?

— Nunca entrei em um navio. Trabalho com hotelaria. Você já se hospedou em algum hotel no Rio?

— Não. Minha família mora lá e sempre fico na casa de meus pais quando estou na cidade.

Nesse momento, Beatriz retornou ao convés para apanhar uma boneca que Eva esquecera lá e interrompeu a conversa dos dois dizendo:

— Eu o conheço, Álvaro. Você morava no bairro da Aclimação. Nós vivíamos na mesma rua, quando éramos adolescentes. Estudamos no mesmo colégio. Você e seu irmão, Arthur.

— Não consigo me lembrar da senhora...!

— Beatriz Fontes, a loirinha que se sentava na primeira cadeira ao lado da lousa. A que usava trancinhas com laços cor-de-rosa.

— Meu Deus! Era você a menininha comportada da frente da sala?! Me lembro de você agora! A Bia, que meu irmão namorou!

— Nós tivemos um namorico. Seu irmão era um menino muito conquistador no colégio.

— Não somente no colégio. Arthur era sedutor e estava sempre rodeado de garotas.

— Sinto muito pela morte dele!

— A senhora ficou sabendo do acidente?

— Eu estava com ele naquele carro.

— Não compreendi. Você estava com ele, Beatriz?

— Arthur foi contratado como meu motorista particular, e aquela foi a primeira vez que saímos de casa. Sinto muito!

— Não sabia que ele estava com a senhora! Não consegui chegar a tempo para o velório e o enterro. Fiquei arrasado. Só consegui um voo para o Brasil dois dias depois e pude abraçar meus pais. Eles vieram passar uma temporada aqui comigo. Fiquei sabendo que a polícia deu o caso por encerrado.

— Deixemos a tristeza de lado. Arthur deve estar bem onde se encontra agora — disse Francisca querendo quebrar o clima de tristeza que se instalara no ambiente.

— Quero muito acreditar que a morte não é o fim de tudo, mas ainda não consegui ter as provas de que necessito para crer no que afirmou, Fran.

— Você já estudou o caso? — perguntou Francisca para Álvaro.

— Não.

Beatriz pegou a boneca que estava na cadeira ao lado de Francisca e disse:

— Vocês me deem licença, mas tenho que voltar para minha filha. Ela está esperando pela boneca. Foi um prazer encontrá-lo, Álvaro. Quando conversamos há pouco, não o reconheci do passado. Mas, ao ouvir sem querer sua conversa com a Fran, eu me lembrei de você e de Arthur. Até amanhã.

— Até amanhã, Beatriz.

Depois que ela desceu, Álvaro perguntou para Francisca sobre o acidente de seu irmão, e ela contou tudo o que sabia sobre o ocorrido. A moça não culpou Camila, por não ter certeza de que ela realmente fora a responsável por sabotar o carro de Beatriz.

— Sinto muito por seu irmão. Tenho certeza de que ele foi bem amparado pelos espíritos.

— Você fala com tanta naturalidade sobre os espíritos.

— Olhe à nossa volta. O que vê?

— O mar, o sol se despedindo de mais um dia, as estrelas... vejo você e eu.

— Além disso tudo, eu vejo sua aura, que tem um brilho agradável aos olhos. Vejo luzes no fundo do oceano. Consegue sentir quanta vida há lá embaixo?

— Não consigo sentir, mas sei que existem muitos peixes e animais marinhos no fundo do mar.

— Existe vida em todos os lugares, Álvaro. Nós estamos vivos aqui, e seu irmão continua vivo em algum lugar no mundo espiritual. Sabe essa energia que eu vejo em você? Ele também a possui. Essa energia luminosa faz parte do espírito e é essa parte que leva sua essência para outra dimensão.

— É bem interessante sua tese sobre os espíritos e o mundo em que vivem esses seres. Você afirma que existe um lugar para onde o espírito de quem morre vai, mas onde fica esse lugar? Já sei. Você é uma daquelas religiosas que acreditam que o espírito bom segue para o céu e o mau vai para o inferno?

Francisca sorriu e disse:

— Não é tão simples assim. Céu e inferno, bem ou mal. Se desejar aprender um pouco sobre o assunto, existem livros ótimos que o instruirão de forma mais adequada. Cientistas renomados já estudaram e estudam os fenômenos extrafísicos.

— É muito bom saber que existem cientistas estudando o assunto. Quero realmente saber o que aconteceu com meu irmão. Ele era cheio de vida, uma pessoa que gostava da vida. Era muito difícil vê-lo desanimado. Arthur estava sempre com um sorriso estampado no rosto. Imaginar que ele não existe mais é profundamente doloroso. Mas ainda estou intrigado... de onde será que a conheço, Fran!

— Quem sabe não nos conhecemos em outra vida?

— Isso seria possível?

— Sim, nós temos muitas oportunidades de evolução. Para isso, reencarnamos muitas vezes e encaramos desafios diversos, que nos levam ao aprendizado e à evolução.

— Interessante o que diz, pois eu realmente sinto que a conheço de algum lugar. E não estou usando esse assunto para tentar seduzi-la. Estou falando sério. A sensação está muito forte aqui dentro. Minha cabeça já vasculhou grande parte do meu passado para tentar descobrir de onde nos conhecemos.

— Eu também tenho essa sensação de que o conheço de algum lugar, mas não me recordo de onde. Também já vasculhei as gavetas da minha memória, contudo, não descobri nada. Posso afirmar que o conheço, Álvaro. Cheguei à conclusão de que essa parte de minha memória foi apagada, pois deve ter ficado no passado de outra encarnação onde estivemos juntos.

— Será que fomos amantes, Fran?

— Ou éramos irmãos. Quem sabe?! Mãe e filho, talvez.

— Olhando para você, não consigo vê-la como uma irmã ou como uma mãe. Eu a vejo como uma mulher linda, que faz meu coração bater acelerado aqui dentro. Sinta.

Álvaro segurou a mão de Francisca com delicadeza e levou-a até o peito. Ela sentiu seu coração batendo acelerado, e o toque no corpo de Álvaro deixou a moça encantada. Os dois, então, se renderam à emoção daquele contato físico e trocaram um delicioso e abrasador beijo carregado de emoção.

CAPÍTULO 29

Nos dias que se seguiram, Álvaro e Francisca conheceram-se melhor e descobriram que estavam apaixonados um pelo outro. Não foi difícil para o resto do grupo descobrir que a moça estava apaixonada pelo marinheiro.

Todos os dias, Beatriz e Teodoro insistiam para que Álvaro se sentasse com o grupo durante as refeições no iate. Edilene questionou Maria:

— Você percebeu que sua filha está encantada por aquele marinheiro bonitão?

— Percebi! Como dizia minha mãe, o rapaz é um pedaço de mau caminho!

— Espero que não faça a Fran sofrer quando partirmos de volta à nossa rotina no Rio de Janeiro. Namoro a distância é muito sem graça. A pessoa fica sempre sozinha.

— Fran comentou que ele está pensando em regressar para o Rio de Janeiro assim que terminar o contrato dele com a empresa que o colocou para trabalhar no iate.

— Isso seria muito bom para o casal. Mas, Maria, por quanto tempo um rapaz como ele ficaria parado na mesma cidade? Ele gosta do mar e das aventuras que vive aqui.

— Espero que você esteja enganada, Edi. Quem sabe o amor mude o rapaz? Não quero me iludir, mas desejo ver minha filha feliz e vibro para que tudo fique bem entre eles.

— Eu também estou vibrando pela união do casal, mas não me iludo. Já vivi também um amor como esse. Fiquei encantada por um rapaz que trabalhava na marinha mercante. Nosso amor era forte, contudo, ele não suportou ficar longe do mar. Assim, acabei perdendo o homem que amei para o oceano. Ele se foi, e nunca mais tive notícias do meu marinheiro.

— Você não me contou nada a respeito disso, e olha que, nesta viagem, tivemos tempo de falar sobre quase tudo que vivemos nesta existência!

— É verdade! Falamos sobre muitos assuntos, mas há partes do passado que precisam ficar trancadas nas gavetas da memória. Só toquei nesse assunto por me ver na Fran e ver em Álvaro o homem que amei. Não desejo que se repita com ela o que aconteceu comigo.

— Também não desejo ver tristeza em seus olhos novamente, Edi. Você nunca mais se permitiu amar.

— Fechei meu coração para relacionamentos amorosos, Maria. Fui contratada para ser babá de Teodoro e me dediquei com todo o meu amor a ele. E meu menino nunca me decepcionou. Ele foi o filho que eu perdi na juventude, quando fiquei sozinha sem saber o que fazer de minha vida.

— Edi! Você teve um filho?

— Sim, mas ele nasceu tão fraquinho que não vingou. Eu amamentei Teodoro com o leite que mataria a fome de meu menino.

Teodoro escutava a conversa das duas a distância, mas sem a intenção de ouvir o que elas diziam. Ele aproximou-se e disse:

— Eu sempre soube que você era minha mãe, Edi

— Você estava aí tão quietinho que eu pensei que estava dormindo, meu querido.

— Desculpe. Eu estava cochilando, mas acordei. Fiquei com preguiça de levantar desta reconfortante espreguiçadeira e acabei ouvindo a conversa das duas. Edi, eu sempre senti que você era minha mãe. Que bom que pude lhe fazer bem, mesmo sem saber que substituía alguém tão especial para você. É muito bom ter seu amor, minha querida Edi.

— Meu filho amado! Você e eu para sempre, não era esse nosso lema?!

— Para sempre, Edi! Você foi a mãe que eu nunca tive. Sabe, Maria, meus pais gostavam de viajar e ficaram distantes de mim por tanto tempo que eu não me recordo de quase nada sobre eles. Às vezes, os dois surgiam na mansão e pareciam apenas visitantes. Eles reuniam os amigos, davam grandes festas para a alta sociedade carioca, enquanto eu ficava com Edilene na outra ala da mansão. Me proibiam de aparecer nas festas.

— Mas, quando você se tornou um rapazinho, passou a frequentar as festas que seus pais davam na mansão — disse Edilene.

— É verdade! Eu entrei para o rol dos famosos. Minha figura estava estampada em todas as revistas da cidade, mas não foi isso que aprendi com Edilene, minha mãe de verdade. Ela me ensinou a ser um homem íntegro e respeitoso. Meus pais não me ensinaram nada, contudo, não posso reclamar. Tive tudo o que o dinheiro podia comprar e estudei em um ótimo colégio interno na Suíça. Esse período foi muito difícil, pois fiquei longe de Edilene. E, quando terminei meus estudos, assumi a presidência da empresa e conheci Beatriz. Depois do nosso casamento, meus pais morreram em um acidente aéreo, porém... não consegui sentir falta deles. Eu pouco os conhecia.

— Foi uma pena para eles não desfrutarem de sua agradável companhia. Eu estive presente em sua vida e saiba, meu querido, que vejo no seu olhar que, hoje, você é um homem feliz ao lado de sua amada e de sua filha. Que bom que estamos todos juntos!

— Edilene sente um amor maternal por você, Teodoro. E saiba que você também teve muita sorte de tê-la ao seu lado nesta jornada. Edilene precisava de um filho para dar o amor que havia ficado nela, e você precisava de carinho e atenção. Veja como a vida age sabiamente! Vocês souberam aproveitar a amorosidade da vida. Poderia me responder, hipoteticamente, como seriam sua infância e juventude se Edilene não estivesse ao seu lado?

— Hoje, eu seria um homem revoltado e muito carente de afeto, e isso me tornaria uma pessoa amarga e dura.

— E eu seria uma mulher triste e amarga, se Teodoro não estivesse ao meu lado, Maria. Realmente, a vida é sábia e coloca tudo no momento correto em nossas vidas. Eu era uma mãe sem um filho, e ele era um filho sem mãe. Unidos, nós seguimos felizes no caminho evolutivo.

Teodoro levantou-se da espreguiçadeira e abraçou Edilene, retirando-a do chão. Ele disse:

— Eu amo essa baixinha, Maria!

Todos sorriram, e algumas lágrimas de felicidade rolaram pelas faces de Edilene.

— Não chore, querida. Quero ver apenas alegria em seus olhos. Suas lágrimas, mesmo que sejam de felicidade, me impedem de ver seu sorriso repleto de amor materno, que eu sempre senti quando estava ao seu lado. A vida realmente nos dá o que precisamos. Somos abençoados! Não é verdade, Maria?

— É a mais pura verdade. Francisco me contou que vocês já foram mãe e filho em outra ocasião quando estavam encarnados.

— Eu sinto isso. Em algum lugar do passado, nós estivemos juntos neste mesmo amor maternal — comentou Teodoro. — Só não consigo explicar de onde vem essa certeza.

— Está explicado. Eu confio no espírito de Francisco. Vocês sabiam que ele esteve muitas vezes na mansão? Mesmo antes de conhecermos a Maria e a Fran? — comentou Edilene.

— Que estranho! O espírito a quem Edi se refere foi seu marido, Maria? Mas por que ele estava na mansão?

— Isso é fácil de explicar. Francisco mostrou ser um espírito que carrega grande evolução. Ele está presente onde as pessoas precisam de ajuda. Francisco coloca ordem na desarmonia.

— E veja o que ele conseguiu, Teodoro. Finalmente, o mal-entendido entre você e Beatriz foi resolvido, e Eva pôde, enfim, estar com o pai e a mãe. Tenho certeza de que foi Francisco quem os ajudou neste caso — disse Edilene.

— Se foi ele quem colaborou para que ficássemos juntos, tenho que agradecê-lo do fundo do meu coração por tudo! Eu estava amargurado por estar distante de minha amada Bia. Quando descobri que Eva era minha filha, fiquei completamente encantado por ela. Eu amo as três mulheres da minha vida! Não sei como agradecer a ajuda que Francisco nos deu, Maria.

— Você já o agradeceu, meu querido. Estamos todos aqui unidos e felizes, conhecendo lugares belíssimos. E Francisca está apaixonada! Minha filha havia fechado o coração para o amor nesta vida. Veja como está bela minha Fran ao lado de seu marinheiro. Francisco me disse que você colaborou muito para que esses dois se reencontrassem nesta vida. Ele diz que lhe é muito grato.

— A senhora consegue ouvi-lo?

— Sim. Tenho sensibilidade extrafísica. Francisco reafirmou que é muito grato a você e lhe pede que cuide bem de sua família.

— Eu estarei sempre atento para que aquela mulher não tente estragar tudo novamente. Camila ainda terá o que merece.

— Francisco lhe pede que não busque vingança. Ele disse que a moça ainda tem uma lição muito forte pela frente. Ela precisa aprender o valor de uma família, e a vida se encarregará de colocar os desafios de que ela necessita para seu aprendizado. Ele falou que a vida é boa para quem a respeita.

— Me parece que Camila já está colhendo o que semeou. Coloquei um detetive para investigar a vida dela e descobri que Camila está trilhando um caminho sem volta na marginalidade. Com certeza, isso não terminará bem. O detetive disse que ela está tendo um caso com um rapaz da comunidade onde mora e que ele é o chefe do tráfico de drogas por lá.

— Deixemos essa moça e sua maldade bem longe de nós, Teodoro. É melhor não se aproximar dela — comentou Edilene.

— Eu estou tão feliz que não pretendo perder tempo com aquela maluca caça-fortuna. Não precisa se preocupar comigo, Edi. Não farei nada para me vingar de Camila.

— Que bom! Francisco está ainda mais feliz por você. Ele disse que você é um homem privilegiado por estar cercado pelo sentimento puro de amor e que é merecedor do amor maternal de Edi e do amor de Eva e de Beatriz.

— Eu realmente sou privilegiado! Quantos homens desejam o amor de uma mulher, e eu tenho o amor de três!

Teodoro sorria. Ele pegou o equipamento de mergulho e deu um salto do iate direto para o mar.

Edilene assustou-se, pois não esperava que Teodoro pulasse do convés superior.

— Espero que ele esteja bem! Esse menino sempre buscando aventuras radicais! Não deveria ter pulado no mar desta altura! Será que ele está bem?

— Está tudo bem, Edi. Não se preocupe com ele. Teodoro sabe o que faz. Eu fiquei muito feliz em saber que ele não deseja se vingar daquela mulher. Essa foi a melhor decisão que ele poderia tomar.

— Penso que foi providencial! O amor realmente faz milagres. Se fosse em outra época, Teodoro se tornaria um animal feroz e caçaria aquela moça para lhe dar um grande castigo. Ele mudou muito depois que Eva e Beatriz chegaram.

— Isso é muito bom e evitará muito sofrimento para todas as pessoas envolvidas. Tenho até pena dessa moça, pois ela ainda tem um longo caminho para percorrer até se tornar mais lúcida.

— Camila sempre foi uma mulher arrogante. Ela tratava as pessoas que não tinham posses de forma humilhante. Eu mesma fui destratada por ela muitas vezes na mansão.

— Eles namoraram quando eram jovens? — perguntou Maria.

— Sim, mas isso foi há tanto tempo. Teodoro era só um menino quando conheceu Camila. Foi depois que ele retornou da Suíça que os dois se reencontraram. Tenho certeza de que, no dia que ele completou dezenove anos, não passou de um beijo. Meses depois, Teodoro conheceu Beatriz e se apaixonou por ela.

— E foi aí que a moça se sentiu traída e arquitetou o plano de tirar Beatriz da vida de Teodoro? Às vezes, eu me pergunto: será que Camila investigou a vida de Beatriz para trazer um rapaz que foi namoradinho dela no passado?

— Não sei, Maria. Mas, como nós duas sabemos, não existe o acaso para a espiritualidade. O rapaz estava na hora certa e no momento exato para desencarnar naquele acidente.

— Eu não chamaria aquilo de acidente. Ela mandou sabotar o freio do carro de Beatriz.

— Será que ela sabia que Beatriz estava grávida?

— Não creio que soubesse. Nem mesmo eu sabia que Teodoro seria papai. Quando Camila soube que Beatriz não havia morrido no acidente, ela deve ter ido ao hospital e foi informada de que a criança não resistiu ao impacto do veículo. Beatriz pediu ao médico para dizer isso a qualquer um que procurasse por ela.

— Beatriz foi muito rápida para deixar o hospital e buscar um lugar calmo para ter sua filha.

— Você sabe onde Eva nasceu, Maria?

— Sim, Beatriz me contou o que se passou com ela depois de deixar o hospital. Ela ficou na casa da irmã em São Paulo e depois foi para Campinas, onde Eva nasceu.

— São Paulo? Ela foi ficar com a Elizabete! Teodoro foi até lá, e a irmã de Beatriz afirmou que ela não estava lá! Beatriz e a mãe não se davam bem, e o padrasto dela a colocou para fora de casa. Ela, então, veio viver com o pai no Rio de Janeiro, e foi assim que ela e Teodoro se conheceram em um barzinho da cidade. O que sei é que, depois do casamento dos dois, o pai dela desencarnou e a mãe já havia desencarnado um ano antes que o pai. Veja que coincidência: tanto o pai quanto a mãe tiveram um infarto fulminante.

— Não tenho informações sobre essa parte da vida de Beatriz, mas creio que ela teve de usar toda a sua força para levar adiante a gestação e depois entregar o bebê naquele orfanato.

— Pois é! A vida não foi muito agradável para Beatriz, mas, hoje, vejo nela uma mulher forte e decidida. Você precisava ver como ela era tímida e não reagia com entusiasmo às coisas. Era uma moça apática e sem expressão. Ela mudou muito! — comentou Edilene.

— A dor nos faz crescer. Sempre chega o dia em que temos de colocar a nossa força interior para fora. A vida nos convida a usar todo o poder que temos para nos defender. Se ela não mudasse depois de enfrentar o que enfrentou, a vida continuaria a tirar dela tudo o que ela amava. Fico feliz em ver as pessoas desabrochando e mostrando que não são objetos de manipulação na mão de qualquer um. Quantas vezes eu tive de usar minha força para me defender de espíritos que ignoravam o bem maior? Ter sensibilidade extrafísica muitas vezes não é fácil. Sou dura com quem é duro comigo. Não dou risadinhas para espíritos obsessores ou para pessoas mal-intencionadas.

— Você faz bem, Maria. O mundo que habitamos não é um lugar pacífico e regido pelo amor incondicional. Eu também uso minha força para espantar os obsessores. No caso de Beatriz e Teodoro, eles encontraram uma obsessora encarnada — comentou Edilene.

CAPÍTULO 30

Vinte dias passaram-se rapidamente, e as férias terminaram. O sol nascia no horizonte quando os apaixonados se despediram no convés superior. As lágrimas rolaram livremente nas faces de Francisca e Álvaro, e ela murmurou entre as lágrimas:

— Será que um dia nos veremos novamente, meu amor?

— Assim que terminar meu contrato com a empresa para quem presto serviço aqui nas Bahamas, eu retornarei para o Rio de Janeiro.

— Não quero me iludir, Álvaro. Sei que você gosta muito de estar aqui e não posso recriminá-lo por amar este lugar belíssimo, em que o mar é azul-turquesa. Este lugar possui um encantamento especial. A beleza mora aqui!

— Não é bem assim, Fran. A beleza habita este lugar, mas o que eu mais desejo está na minha frente agora. Quero viver ao seu lado. Você me faz muito feliz, Fran. Fica comigo até meu contrato terminar?

— Não posso... Adoraria ficar ao seu lado, mas preciso retornar para o Rio de Janeiro. Sentirei sua falta!

— Fran, será por pouco tempo. Fique. Eu lhe darei tudo de que precisar para ficar confortável por aqui.

— Eu tenho uma profissão, Álvaro! Tenho que voltar ao trabalho, e minha mãe precisa da minha presença no Rio.

— Sua mãe é uma mulher adorável. É uma mulher forte e não precisa de ninguém ao seu lado para ser feliz. Eu preciso que fique ao meu lado.

— Não posso ficar, e você não pode ir. Então, nos despedimos aqui. Você tem meu endereço e sabe onde trabalho. Se um dia passar para visitar sua família no Rio de Janeiro, me avise. Faço questão de tomar um chope com você — Francisca tentava ser forte e "durona".

— Não trate o que tivemos como um mero romance de verão, Fran. Você e eu sabemos que foi mais forte que isso. Eu voltarei antes mesmo do que você espera. Eu amo você, garota do Rio.

— Fique bem, Álvaro, garoto de São Paulo e do mundo. Até um dia! E lembre-se: nós não temos compromisso um com outro. Seja feliz! Deixe apenas um pedacinho do que vivemos nessas adoráveis férias guardado em seu coração. Levarei lembranças muito agradáveis aqui dentro.

Francisca levou a mão até o peito, deu um beijo nos lábios de Álvaro e deixou o convés, entrando no helicóptero que a aguardava para levá-los de volta a Cancún.

Beatriz aguardava a amiga na porta da aeronave e abraçou-a com carinho quando ela chegou.

— Você não está sozinha, minha amiga. Essa tristeza passará.

— Eu estou bem, Bia. Prometi que nunca mais sofreria por amor. Eu vivi um amor de verão avassalador, mas isso foi somente uma parte de minha vida. Outros verões virão! Obrigada por nos proporcionar esta viagem incrível, minha amiga.

— Vocês mereceram cada segundo de felicidade que vivemos aqui. Retornaremos para o Rio de Janeiro mais felizes do que saímos de lá. E, para o ano que vem, estou pensando em conhecermos a Europa. O que acham, meninas?

Todos estavam a bordo da aeronave, e Eva falou animada:

— Eu quero passear na Europa, mamãe. Posso ir, papai?

— Todos nós vamos passear nas próximas férias, filha. Todos nós iremos juntos para a Europa. E penso que seria agradável realizarmos um cruzeiro nas ilhas gregas. Eu quero que Edi, Maria e Fran façam essa viagem conosco — afirmou Teodoro.

Todas elas aplaudiram Teodoro, enquanto Eva soltava gritinhos ao sorrir. O helicóptero decolou, e Francisca viu Álvaro acenando da proa do iate. Ele soltou um beijo no ar, e ela fez o mesmo.

Maria apertou a mão da filha com carinho, e, olhando para todos, Francisca disse:

— Não se preocupem comigo. Mamãe, eu estou bem. As férias foram incríveis e a próxima será ainda mais agradável.

— Eu tenho uma ideia, meninas. No próximo fim de semana, poderíamos ir para a Chapada dos Guimarães. Gostaria muito de conhecer o famoso chalé de que tanto Eva fala. Podemos seguir para lá com meu jatinho e o resto do percurso faríamos de helicóptero — sugeriu Teodoro.

— Eu quero, papai. Quero pegar minha boneca que caiu no mato. Foi a mamãe quem comprou a boneca lindinha de vestidinho cor-de-rosa. Eu posso, papai?

— Eva, eu comprarei outras bonecas iguaizinhas para você. Esqueça essa que ficou no mato. Nunca mais acharemos essa boneca, querida.

— Eu sei onde ela está, mamãe. Não precisa comprar outra. Eu quero aquela. Basta dar um banho nela e ficará bonita novamente.

— Nós vamos procurar sua boneca, querida, mas, se não a encontrarmos, quero que aceite outra no lugar. Combinado?

— Combinado, papai. Verá que eu sei onde está minha bonequinha lindinha.

— Recebi ontem um telefonema da empresa que contratei para reconstruir o chalé. Eles me garantiram que sua casa ficou muito bonita, Maria. As obras terminaram.

— Obrigada, Teodoro. Aquele lugar é muito especial para mim.

— Foi um prazer deixar seu recanto novamente habitável, Maria. Afinal, eu fui um tanto agressivo com vocês.

— Um tanto?! Você foi horrível, Teodoro! Espero que o chalé esteja lindíssimo! Seus homens destruíram todo o telhado e fizeram uma grande bagunça — falou Beatriz agitada.

— Bia, ele já se redimiu. Não voltemos a esse assunto desagradável. Percebeu como você ficou agitada, trazendo de volta toda a energia nociva que viveu naquele dia? Isso é tóxico e a prejudica muito. O passado e, principalmente, as coisas desagradáveis devem ficar onde estão. Preste atenção aos seus pensamentos e não deixe se contaminar pelo passado. Vivemos momentos maravilhosos nessas férias, e é isso que vale a pena recordarmos e deixarmos com fácil acesso dentro de nossa mente. Lembra do delicioso mergulho que teve coragem de fazer? Esse mar é realmente deslumbrante.

— Tem razão, Maria. Às vezes, tenho recaídas. Preciso estar mais atenta aos meus pensamentos. Desculpe, meu amor, eu extrapolei novamente com você. Deveria agradecê-lo e acabei acusando-o por algo que já foi resolvido.

— Está tudo bem, amor. Eu também tenho essas recaídas às vezes, afinal, somos aprendizes do bem viver. Mente sã, vida agradável! Esse deve ser o nosso lema. Olhem para o mar! Estou vendo uma baleia com um filhote à nossa direita.

Todos olharam pela janela do helicóptero e ficaram encantados com a visão rara daquele momento. Eva disse:

— Veja, mamãe. Tem o filhotinho, a mamãe e o papai. E lá vem o resto da família: a titia, outra titia e a vovó. Parece nossa família.

— É verdade, Eva. Nós formamos uma grande e bela família — confirmou Edilene.

A viagem de volta transcorreu muito bem, e Teodoro fez questão de arcar com todas as despesas. Ele não deixou Francisca e Maria usarem o cartão de crédito em momento algum.

Depois de uma longa viagem, o jatinho pousou no aeroporto do Rio de Janeiro, e todos desembarcaram sonolentos e cansados. Teodoro, então, fez um convite para Maria e Francisca.

— É madrugada... vamos todos para a mansão. Vocês passarão esta noite em nossa companhia. Amanhã, mandarei o motorista levá-las ao seu apartamento.

— Não queremos incomodar, Teodoro. Já abusamos muito de sua companhia e de sua família.

— Não foi abuso algum, Francisca. Faço questão de que permaneçam mais um tempinho ao nosso lado. Na mansão temos ótimas acomodações, não é verdade, Edi?

— Sim, ligarei para as empregadas e os quartos já estarão arrumados para vocês quando chegarmos. Pedirei para prepararem uma deliciosa ceia.

— Aceite, Fran. Sei que, assim como nós, vocês estão cansadas da viagem. Gostaria que ficassem um pouco mais. Vocês são minhas amigas do coração — disse Beatriz.

— Se é assim, não tenho como rejeitar esse convite! Vamos passar esta noite na mansão, mas, amanhã cedo, retornaremos para nosso apartamento.

— Quero tomar um banho e dormir um pouco. Cochilei no jatinho, mas não foi suficiente para recuperar meu sono atrasado de vinte dias de diversão. As atividades foram tão intensas que precisarei de mais um mês de descanso para me recuperar dessas férias! — Todos riram, e Maria completou: — Foram os dias mais agradáveis de minha vida. Obrigada a todos.

— Eu concordo com você, Maria. Foram dias adoráveis. Ter uma grande família é delicioso. Quero repetir sempre as aventuras que vivemos. Nunca havia me sentido tão completo como nessas férias — disse Teodoro, e Edilene completou:

— Teodoro andou muito solitário nos anos em que Beatriz se manteve afastada dele. O amor de vocês é tão bonito! É muito gostoso estar junto do casal.

— Obrigada, Edi.

Dois carros estacionaram perto da área de desembarque do jatinho no hangar do aeroporto. Os motoristas colocaram a bagagem nos carros, e o grupo se dividiu entre os veículos.

Passados alguns minutos, todos já entravam na mansão e, antes de se recolherem para os seus quartos, desfrutaram de um delicioso jantar. Teodoro havia mandado preparar uma surpresa para Edilene. Quando a governanta estava indo em direção ao quarto que ocupava no térreo, na ala dos empregados, ele disse:

— Edi, seu quarto agora fica ao lado do quarto de Eva, minha querida mamãe. Você deve ocupar o quarto que era de meus pais nesta mansão. Não sei por que não tomei essa providência antes! Espero que esteja tudo a seu gosto. Mandei os empregados organizarem as coisas antes de viajarmos.

— Teodoro, não faça isso. Eu estou bem instalada em meu quarto. Lá eu posso ficar de olho nos empregados.

— Você não tem mais essa função na mansão. Você é a mãe de Teodoro e a vovó de Eva. E tem mais! Espero que caiba mais um bebezinho em seu colinho de vovó. Anuncio a todos que esta família ganhará mais um membro! — disse Beatriz levando as mãos ao ventre.

Todos adoraram a novidade e cumprimentaram o casal. Mesmo sonolenta, Eva ficou radiante. Apoiada no colo de Francisca, ela disse:

— Mamãe, eu quero ter uma irmãzinha para brincar comigo lá na piscina. Posso brincar com ela amanhã?

— Não, Eva. O bebê é muito pequeno e precisa ficar dentro da barriga da mamãe para crescer. Vai demorar um pouco para ele nascer.

— Tenho que esperar ou posso brincar com ela dentro de sua barriga, mamãe?

— É melhor esperar o bebê nascer, querida. Enquanto isso, podemos decorar o quarto dele.

— Eu quero uma irmãzinha, mamãe. Se for um menino, eu não vou querer brincar com ele. Os meninos puxam os cabelos das meninas como lá no orfanato.

— Querida, seu irmão não puxará seu cabelo. Lembra-se do que prometeu ao papai? Não fale mais do orfanato, por favor.

— Desculpe, papai. Acabei esquecendo que esse assunto era proibido. Boa noite a todos. Estou com muito sono.

Francisca levou Eva para o andar superior da mansão, enquanto Edilene e Maria foram conhecer o novo quarto. Enquanto isso, Teodoro e Beatriz recolheram-se.

Edilene comentou com Maria a respeito da proibição de Teodoro de tocarem no assunto do orfanato. Ela disse:

— Teodoro quer que Eva esqueça onde passou a primeira infância. Não acha que é uma crueldade com Eva?

— Esse assunto o deixa triste, Maria. Ele deseja apagar o que aconteceu com eles depois do acidente. Teodoro espera que a filha apague da mente que foi criada em um orfanato.

— Será que isso é possível?

— Eva ainda é muito nova. Talvez, com o passar do tempo, ela esqueça que esteve em um orfanato.

— Espero que ela consiga esquecer ou Teodoro continuará a se sentir culpado por esse episódio horrível da vida da filha.

— Edi, que lindo o seu quarto! Você notou a decoração refinada? É digno de uma rainha!

— E ela é minha rainha! — disse Teodoro entrando no quarto na companhia de Beatriz. — Você gostou, Edi?

— Amei! Você sempre teve bom gosto, meu querido! Como sabia que eu gostava de estampa floral?

— Eu sei tudo a seu respeito, Edi. Sei que não gosta de listras grandes ou de estampa xadrez. Que bom que a agradou.

— Achei tudo muito bonito. As flores dão um ar de palácio, não é, Maria? — comentou Beatriz.

— A decoração está muito bonita. Edi merece todo esse carinho.

— Só tenho a agradecer aos meus queridos. Obrigada por me proporcionar todo esse luxo. Para quem nunca teve uma casa, este quarto é o meu palácio.

— Quero que descanse confortavelmente, querida. Boa noite a todos.

Beatriz retornou para seu quarto, e Maria encontrou sua acomodação, que ficava ao lado da que Francisca ocupava.

Teodoro e Beatriz fecharam a porta. Ela viu uma caixa de presente no aparador ao lado da cama e perguntou ao marido:

— Foi você quem colocou aquele pacote ali, amor?

— É uma surpresa para você. Abra.

Beatriz, rapidamente, retirou o papel dourado que envolvia o presente e ficou feliz quando reconheceu sua estimada caixinha de música italiana. Teodoro disse:

— Mandei para restauração essa linda caixinha de música do século dezenove.

Beatriz ficou emocionada com o gesto carinhoso de Teodoro e, dando um beijo nos lábios do marido, disse:

— Tenho um grande apreço por essa relíquia, pois ela sempre me fazia lembrar de você e do nosso amor. Obrigada, Teodoro. Eu amo você!

O casal desligou as luzes do cômodo e descansou um nos braços do outro.

Todos pegaram no sono rapidamente.

CAPÍTULO 31

Voltando um pouco no tempo, o espírito de Arthur estava ansioso e ao mesmo tempo temeroso. Por ter aceitado reencarnar, ele acabara de sair do prédio do ministério de programação para a próxima experiência terrena, onde os espíritos sábios o ajudaram na elaboração dos planos de aprendizado para sua evolução.

Arthur caminhou entre os arbustos na praça central e sentou-se em um banco para tentar organizar seus pensamentos, que estavam um tanto tumultuados. Em um outro setor da Colônia Renascer, Francisco atendia a um irmão insatisfeito com sua permanência no local

Sentindo que Arthur precisava de atenção naquele momento, Francisco deixou o paciente ruminando suas queixas no setor das câmaras subterrâneas e foi se encontrar com o rapaz.

— Senti que você precisava de meus conselhos. O que está acontecendo? A elaboração de seu plano evolutivo para a próxima encarnação não foi satisfatória?

— Se olhar para o plano no geral, ele não é de todo desagradável... mas os detalhes me assustam profundamente. Sabe quem serão meus pais?

Francisco deu uma risadinha e disse:

— Essa ideia foi minha. Acho que eles serão pais maravilhosos para um rapazinho peralta como você.

— Você não podia ter feito isso comigo, mestre Francisco! Logo você, que conhece o meu passado! Sabe que já prejudiquei o casal. Fico constrangido só em pensar que eles serão meus pais.

— O que você realmente teme, Arthur?

— Eu temo o reencarne!

— Não seja covarde. Você sabe que necessita desta experiência ou não terá como seguir em frente, meu amigo. Quer ficar estacionado em sua evolução?

— Você sabe que isso seria praticamente impossível. Os espíritos me lançariam na roda dos encarnados, e eu teria de seguir um caminho ainda mais submerso no esquecimento de quem sou. Assim, eu apagaria de minha mente tudo o que aprendi, e isso não é nada agradável! Por que tem de ser assim? Mestre, por favor, intervenha por mim com os espíritos sábios. Preciso de um pouco mais de tempo antes de voltar para aquele planeta de malucos.

— De que vale ficar aqui sem caminhar para frente? Você já terminou os cursos que essa colônia tem para oferecer, Arthur. Não quero enviá-lo a outra, pois não vejo como poderia progredir em conhecimento. Naturalmente, colheria um cabedal cultural relevante, contudo, creio que isso não colaboraria para seu progresso. Enviá-lo para uma cidade que esteja em um nível acima desta colônia não é possível, pois você ainda não possui educação espiritual suficiente para adentrar em uma cidade totalmente planejada, onde os níveis de vibração são rigorosos.

— Mestre, você não poderia me ajudar a permanecer em um equilíbrio mental suficiente para me tornar um habitante da cidade de primeiro nível evolutivo? Sou capaz de vibrar positivamente de maneira ininterrupta.

— Até que ponto você se manteria com a mente positiva, Arthur, se está aqui a ponto de receber um alerta por ter deixado cair seu equilíbrio mental? Você não está preparado para evoluir sem antes ficar em paz com seus irmãos, pois carrega um trauma por ter perdido a mulher que desejava para outro homem. É preciso entrar em equilíbrio e deixar de desejar todas as mulheres que estão à sua volta. Aceite voltar agora. Não é cedo como imagina. Eu lhe garanto que você está pronto para o reencarne.

— Mas faz apenas quatro anos que desencarnei! Conheci espíritos que estão desencarnados há cinquenta anos.

— Você perguntou a esses espíritos há quanto tempo eles estão vivendo nesta colônia?

— Não. Eles não viveram sempre aqui depois do desencarne?

— Não. Eles estavam segregados em lugares desagradáveis no umbral. Esses espíritos errantes passaram um tempo expurgando seus erros e seus pesares até chegarem ao ponto de desistirem da vingança e pedirem ajuda ao Criador. Eles alcançaram o próprio limite e sucumbiram à dor e ao sofrimento que carregavam. Somente depois disso, foram socorridos e transferidos para as câmaras de retificações no subterrâneo da colônia.

— Não me lembro de ter passado por esse umbral sobre o qual todos aqui comentam.

— Você teve muita sorte, Arthur, pois conseguiu ajuda dos espíritos socorristas no local do acidente que o vitimou. Muitos espíritos nem sequer conseguem ver o amigo que lhes estende a mão no momento do desencarne. Outros não acreditam que desencarnaram e fogem com medo do "fantasma", do ente que veio resgatá-lo, pois, não têm consciência de que faleceram.

— Se não tivesse notado a presença de meu pai, eu teria seguido para o umbral para expurgar a energia densa que eu vibrava?

— Sim. Esse é um caminho praticamente obrigatório para a maioria dos desencarnados que cultivam na mente pensamentos negativos e culpam os outros por erros cometidos por eles mesmos.

— Culpei aquela moça que me contratou. Foi ela quem me enviou para a morte.

— Você poderia ter recusado o pedido dela, mas, como se tratava de uma mulher bonita... você acabou caindo na armadilha que ela preparou para Beatriz. Foi uma escolha sua, Arthur. Viver é fazer escolhas o tempo todo.

— Tem razão. Eu poderia ter recusado o pedido e estaria encarnado neste momento. Assim, não precisaria retornar como filho do casal que um dia eu assassinei.

— Não entre na culpa, Arthur, senão vai gerar mais energia nociva para si e para o ambiente. Vamos lá! Não será tão desagradável ser filho de Teodoro e ter Beatriz como mãe. Existe tanto amor entre eles... e você fará parte dessa família. Eles estão aprendendo a ser resilientes da melhor forma possível. Eles desejam cultivar somente o bem e se manterem positivados. Você se desenvolverá em um ambiente muito favorável para sua evolução, Arthur.

— Pelo que sei, o casal possui grande fortuna e eu serei um homem com muitas posses. Temo me perder tendo poder financeiro ao meu dispor. Sabe como as mulheres se jogam para quem tem dinheiro?

— É uma questão de escolha, Arthur. Existem mulheres que preferem trabalhar e construir um patrimônio sólido com o próprio esforço. Não é de bom-tom generalizar. É isso que você teme? Ser rico e ter ainda mais tentações à sua volta?!

— Sou um sedutor nato, mestre Francisco. Quando era um homem pobre, tive muitas mulheres. Temo aumentar ainda mais essa falha em minha personalidade. Elas estarão à minha volta como abelhas no mel, afinal, sou charmoso.

— Compreendo seu medo, mas você está seguindo o caminho evolutivo para seu crescimento e, se conseguir dominar seus instintos primitivos de conquistador, você terá ajuda, seu Don Juan! Eu me disponho a lembrá-lo de escolher um amor e formar uma família feliz. Quem sabe não encontrará finalmente sua cara-metade e sossegará o conquistador voraz?

— Quando tempo ainda tenho antes de partir? Promete que me ajudará, mestre?

— Não gosto de me comprometer com promessas, mas lhe dou minha palavra de que o ajudarei. O trabalho, contudo, precisa ser feito por você. Quanto ao tempo de partir, não se preocupe. No dia que for gerado, você estará ligado ao útero de sua mãe.

— Será que Teodoro me aceitará como filho? Não quero ser jogado em um orfanato como aconteceu com Eva.

— Você sabe que Teodoro ama a filha e dará a ela e a você tudo o que estiver ao alcance dele.

— É porque ele não sabe quem foi Eva em uma encarnação anterior a esta.

— Está enganado, Arthur. O espírito de Teodoro sabia quem foi a filha e os erros que os dois cometeram juntos. O espírito de Beatriz também estava ciente de quem foi a filha antes de reencarnarem. Isso não importa para eles. O laço de amor que existe entre eles é forte e supera qualquer desavença do passado. Você se esqueceu de que planejaram essa encarnação com os espíritos sábios?

— Se eu não estava no planejamento deles, por que agora tenho que voltar e ser filho do casal?

— Seu prazo de aceitar ou não seguir por esse caminho para sua evolução está terminando, Arthur. Ou deseja continuar carregando um fardo pesado que o machuca profundamente, quando você se recorda da traição da mulher que tanto amou?

— Não carrego esse fardo pesado, mestre. Hoje, eu sei que Beatriz nunca me amou. Fui eu que me iludi e me frustrei por desejar que ela me amasse. Criei grandes expectativas a respeito dela, fui um tolo! Me baseei somente na beleza física da moça. Quanta ilusão eu criei! Por essa razão, busquei o amor verdadeiro nos lábios de outras mulheres, mas nada encontrei... E acabei me comprometendo ainda mais com meus traumas.

— Então, você realmente precisa conviver com Beatriz para descobrir quem é essa pessoa e desfazer as ilusões descabidas de sua mente a respeito dela e de todas as outras mulheres que você seduziu.

— Tenho certeza de que será uma experiência proveitosa e válida, mestre, mas temo estar ao lado de Teodoro.

— Arthur, o que, afinal, você teme? Teodoro é uma pessoa de boa índole e de caráter correto. Ele não o abandonará como pai. Tenho certeza de que você será um filho amado de nosso irmão Teodoro.

— Temo deixar esta colônia e voltar para a Terra. Lá existem desavenças e pessoas explosivas e agressivas. Elas fazem guerras por bobagens. Temo esquecer quem sou e quem eu fui.

— Sei que não é agradável ter a mente encoberta pela densidade terrestre, mas como seria a reencarnação se você e seus inimigos ainda carregassem o peso do ódio um pelos outros? Que proveito isso teria, se soubéssemos que essas pessoas não se perdoariam nunca? Somente o amor transforma os seres humanos e permite a mudança, Arthur. O ódio desaparece quando o amor ocupa seu lugar. Como seria bom se só existisse o bem e que ninguém precisasse sofrer para descobrir que o amor é a luz da vida e traz paz e harmonia onde quer que os seres humanos estejam.

— Quando você fala, meu coração se enche de paz. Quero conhecer essa paz que você espalha, mestre.

— Então aceite reencarnar! Pois, sem evoluir, você não terá a paz que tanto almeja. Essa é a sua oportunidade de ser feliz.

— Aceito voltar, mestre Francisco. Quero muito crescer e um dia nunca mais voltar para lá.

— Sei que todos desejam sair do ciclo encarnatório, e cabe somente a eles as escolhas. Eu também trilhei o mesmo caminho dentro do ciclo. Quando decidi que seria feliz sempre, não importava mais o que viria como desafio. Eu seria feliz e faria as melhores escolhas.

— Esse modo de agir deu certo em sua jornada. Você deixou o ciclo e não precisou voltar. Quero escolher ser feliz, mestre! Será que conseguirei trilhar esse caminho e ser verdadeiramente feliz?

— Quem decide é você. Ser feliz ou ficar ruminando sua dor até sucumbir a ela é uma questão de escolha. Esqueça seus pesares e aproveite esta nova chance com leveza e responsabilidade de ser feliz a cada dia. Não faça inimizades pelo caminho, seja amor e venha conhecer a luz que o alimenta e o deixa leve como uma pluma. Desafios todos nós enfrentamos. Basta encará-los com leveza e coragem. Nunca se menospreze e se sinta um nada. Não, você é tudo. Você é Deus, e Ele está em e com você.

"Não falo isso para empoderá-lo. Falo que você é Deus e que Ele está em você, pois, se desejar e for disciplinado, sentirá a energia subir por seu corpo até o cosmos, unindo céu e terra. Espero que me compreenda um dia e entenda o que estou falando. Você pode e é capaz de fazer grandes mudanças em sua vida. Busque e encontrará Faça as melhores escolhas para ser feliz."

Arthur levantou-se do banco e abraçou Francisco. Ele estava sentindo a leveza daquelas palavras sábias carregadas de amor. Ao tocar seu mestre, o rapaz sentiu o calor da energia de Francisco e, neste momento, foi levado para o reencarne, unindo-se à aura de Beatriz. E, assim, iniciou-se sua gestação.

CAPÍTULO 32

No dia seguinte, Francisca e Maria retornaram ao apartamento onde moravam, e Teodoro e Beatriz sentiram falta da presença das duas na mansão. Eva e Edilene passaram, então, a ligar diariamente para Maria e contar as novidades, abrandando, assim, a saudade das amigas. As férias escolares terminaram, e Maria e Francisca retornaram ao trabalho. Eva iniciou o primeiro dia de aula em uma escola renomada do Rio de Janeiro. A menina estava feliz por fazer novas amizades.

Temerosos de deixar a filha no colégio, Teodoro e Beatriz colocaram dois seguranças à porta da escola para protegê-la. Eles ficaram sabendo da prisão repentina de Camila, que fora acusada de tráfico de drogas, e temiam que a moça ordenasse o sequestro da filha ou coisa pior.

Maria e Edilene conversavam muito com o casal para que deixassem de temer que algum mal ocorresse com Eva. Elas afirmavam que o medo atrairia exatamente o que temiam para sua filha. Foi preciso muita conversa para os dois se acalmarem. Sabendo do medo que acometia os amigos, Francisca passou a fazer parte do grupo para ajudá-los a alinhar a mente no bem.

No primeiro fim de semana após uma semana de trabalho, todos se reuniram na mansão e seguiram para o hangar onde Teodoro deixava o jatinho. De lá, viajaram até a Chapada dos Guimarães.

Eva estava dormindo no banco ao lado de Beatriz e, quando o jatinho pousou, ela despertou e disse:

— Mamãe, eu estava conversando com meu irmãozinho. Ele é parecido com o papai; tem os cabelos claros e os olhinhos verdes. Ele não tem dentes, mas é bonitinho.

Todos riram do modo delicado e divertido de Eva falar do bebê, e Francisca disse:

— Seu irmão precisará de um dentista, Eva?

— Não tia, Fran. Os dentes nascerão depois. Só quando tiver dentes, ele precisará visitar o dentista. A mamãe me levou a um, que deixou os meus limpinhos. Não doeu nada.

Já dentro do helicóptero, Eva lembrou o pai:

— Minha boneca está lá no mato à minha espera, papai. Você prometeu que me deixaria procurar por ela.

— Prometi e vou cumprir, querida.

Foi um percurso rápido até a Chapada dos Guimarães. Pouco depois, o helicóptero pousou nas terras que pertenciam a Maria. Teodoro mandou fazer um heliporto próximo ao chalé, o que facilitou muito o pouso no sítio.

Quando todos deixaram a aeronave, Maria abriu um sorriso ao ver o seu pequeno chalé transformado em uma grande casa luxuosa.

— Que coisa mais linda, Teodoro! Meu pequeno chalé virou um palácio!

— Espero que goste, Maria. Tentei deixá-lo ao seu contento. Esse é o meu pedido de desculpas por ter danificado seu patrimônio. Mas, se reparar bem em uma das abas do telhado, lá está seu chalé. As outras alas foram construídas ao redor dele, e a varanda foi alongada até a parte de trás da casa. Lá, há agora uma área gourmet.

— Teodoro, só tenho a agradecer pelo que fez com nosso sítio! Veja, mamãe! Não reparou que nossas terras tomaram grandes proporções?! A casa de nosso vizinho está dentro de nossa propriedade — Francisca estava impressionada com o que encontrara, observando lá de cima pelo helicóptero minutos antes do pouso da aeronave.

— Tomei a liberdade de comprar as terras do vizinho. Eles possuíam uma pousada modesta, que poderá ser uma fonte de renda para vocês.

— Bia, você sabia disso?

— Sim, e gostei muito da ideia do Teodoro. Guardei o segredo direitinho. Espero que gostem das novidades. É o nosso presentinho.

Eva estava impaciente. Ela desejava procurar pela boneca e disse:

— Vamos, papai! Você prometeu procurar minha boneca.

— Querida, eu não sei onde o helicóptero pousou daquela vez, então, temo que não encontremos sua boneca — disse Teodoro.

— Eu sei onde ela está. É daquele lado. — Eva apontou para os fundos do sítio.

— Eva, um helicóptero não conseguiria pousar ali. É uma área rochosa. Há uma caverna ali com um lago muito bonito dentro dela. Não creio que sua boneca esteja lá — disse Maria.

Eva aproximou-se de Maria, que se abaixou para ouvir a menina. Ela disse:

— Tem alguém precisando de ajuda dentro da caverna, tia.

— Como sabe disso?

— Uma mulher vestida de luz me contou. Ela mostrou o caminho em meu sonho. O homem não consegue sair da caverna, pois está preso lá dentro. Uma pedra grande caiu sobre ele.

— Compreendo, querida. Nós podemos fazer isso juntos. Vamos entrar em casa para deixar nossas malas. Mais tarde, iremos lá encontrar sua boneca.

— Tia Maria, minha boneca caiu em outra direção. Depois, procuramos por ela. Eu quero e preciso libertar o homem que está debaixo da pedra. Não disse nada para o papai, porque ele não me deixaria atender ao pedido da mulher vestida de luz.

— Estou vendo a mulher que vestida de luz. Há realmente muita luminosidade no corpo dela. É linda!

— Se tivesse asas, eu falaria que é um anjo, mas, como ela não tem, é uma mulher vestida de luz.

— Sobre o que minhas queridinhas estão cochichando? — perguntou Francisca.

— Estamos combinando de dar um passeio na caverna do riacho — respondeu Maria.

— Podemos ir todos para lá, mamãe, mas vamos deixar para mais tarde. Está quase na hora do almoço. Vamos entrar, conhecer nossa nova casa e preparar a comida.

— Não se preocupe com o almoço, Fran. Pedi aos empregados da pousada para prepará-lo para nós — respondeu Teodoro.

— Esse meu marido pensa em tudo! O que estamos esperando?! Vamos entrar e conhecer essa bela casa! — comentou Beatriz abraçando Teodoro.

Maria e Francisca ficaram boquiabertas com o requinte e a beleza da decoração. Havia muitos quartos disponíveis para os hóspedes, mas dois foram particularmente decorados ao gosto de Francisca e Maria.

O decorador fez questão de obter informações sobre as preferências das proprietárias da casa. Depois de visitar todos os recantos do local, o grupo encontrou-se na sala. Maria trazia os olhos marejados devido ao encantamento que sentia por encontrar delicadeza em cada cantinho daquele casarão. Ela agradeceu a Teodoro e a Beatriz com um abraço carinhoso e disse:

— Nunca pensei que alguém pudesse ser tão atencioso comigo e com minha filha. Não é pela casa, mas pelo carinho que encontrei em cada pedacinho deste lugar. Obrigada, muito obrigada!

— Não me agradeça, Maria, pois tudo que foi feito... foi pouco para me redimir da violência que usaram contra vocês. E não posso deixar de agradecê-las por me ajudarem a reconquistar tudo o que mais amo nesta vida. Eu amo Beatriz, Eva e essa criança que vem completar nossa felicidade. Devo muito a vocês duas por ter minha família unida e feliz ao meu lado, mas não pensem que não me aproveitei da nobreza das duas... Tomei a liberdade de mandar decorar alguns quartos para Beatriz, Eva e Edilene nesta casa. Gostaríamos de passar momentos agradáveis aqui.

— Papai, eu adorei meu quarto. Encontrei muitas bonecas lindinhas lá.

— E você ainda deseja procurar por uma boneca suja que se perdeu no mato e virou brinquedo de macaquinhos?

Eva olhou para Maria, abriu um sorrisinho e disse para o pai:

— Eu quero passear na caverna com a tia Maria. Nós precisamos pegar uma coisa que está presa lá. Eu posso, papai?

— Você pode tudo, querida, mas nós todos iremos juntos conhecer essa caverna.

Eva olhou para Maria com o olhinho arregalado, e Teodoro perguntou:

— O que você está escondendo do papai, querida? Você tem segredos com sua tia Maria?

— Eu só preciso ir até a caverna com ela. Não é nada de mais, papai. A mulher vestida de luz está lá esperando por nós.

Todos se entreolharam e não compreenderam o que Eva estava dizendo. Beatriz perguntou:

— Maria, você pode esclarecer o que está acontecendo? Quem é essa mulher vestida de luz?

— Eva, eu posso contar para eles?

— Pode sim, tia.

— Eva tem sonhado com um espírito feminino, que veio pedir ajuda a ela para resgatar um espírito. Ele sofreu um acidente e ficou preso sob uma grande pedra que há na caverna. O espírito que se mostrou para Eva como uma mulher trajando um vestido branco, que parece ser feito de luz por ser bem luminoso, é a mãe do rapaz que sofreu o acidente na caverna. Quando eu estava em desdobramento em uma viagem astral, ela me fez o mesmo pedido: socorrer o espírito de seu filho que está preso lá.

— Minha pequena consegue ver espíritos?! — questionou Teodoro.

— Eu vejo, papai. Eles são bonitinhos. Os mais feios me dão um pouquinho de medo, mas eu tento ajudá-los como a tia Silvana me ensinou.

— Tia Silvana?! Quem é essa? Ela também é um espírito?

— Não, é a tia do or.... Daquele lugar que o papai não gosta. A tia Silvana me ensinou a não ter medo dos espíritos feios e cheios de machucados. Mas eu não os vejo sempre; só quando precisam de ajuda.

— E como você ajuda os espíritos, Eva? — perguntou Francisca.

— Peço ao meu anjo protetor para levá-los para o hospital lá no céu.

— Anjo protetor? Não sabia que você conhecia um anjo — comentou Beatriz.

— As crianças que possuem sensibilidade e facilidade de comunicação entre as dimensões espirituais têm, sim, um espírito que chamamos de mentor, que se mostra de uma forma bem agradável aos olhos da criança. Muitas vezes, eles se parecem com crianças também para que essa comunicação aconteça com mais facilidade e compreensão — explicou Edilene.

— Edi, que coisa mais estranha! Como podemos livrar minha filha desse fardo?!

— Teodoro, Eva é uma criança que nasceu para colaborar com o plano espiritual.

— Eu gosto de ajudar, papai. Agora mesmo, há um homem preso na caverna esperando ajuda. Ele precisa de nós ou nunca sairá de lá. Vamos ajudá-lo, tia Maria?

— Seu pai não gostou de sua atividade extrafísica, Eva. Posso ir sozinha à caverna e fazer o que precisa ser feito.

— Não, Maria. Todos nós iremos para a caverna. Quero aprender um pouco mais sobre os poderes extrafísicos de minha filha.

— Amor, está na hora do almoço. Depois, nós vamos à caverna — sugeriu Beatriz. — Eu estou faminta.

— Você está cansada da viagem; pode ficar descansando no quarto. Eu fiquei muito curioso e gostaria também de ajudar a libertar o homem da caverna.

— Você busca por provas, Teodoro, mas pode se decepcionar se não conseguir ver nada. Elas têm a sensibilidade extrafísica mais apurada, desenvolvida para ver os espíritos. Eu não vejo nada, mas não questiono minha mãe. Sei que ela nasceu com esse dom e está em seu caminho ajudar quem precisar — disse Francisca.

— Eu quero ir até lá com vocês. Não vou perder essa aventura de fantasmas na caverna. Vou colocar botas para pisar com firmeza! Seria bom levarmos uma lanterna — comentou Beatriz animada, e Edilene recomendou:

— Beatriz tem razão. Vamos nos vestir apropriadamente para essa aventura. Eu trouxe uma botinha para Eva. Vamos subir e colocá-la.

O grupo se reuniu minutos depois na frente da casa. Maria fez uma prece para dar início ao socorro espiritual. Eva mostrou onde a mulher vestida de luz estava, e todos seguiram para a entrada da caverna. Beatriz comeu uma maçã e juntou-se ao grupo para a aventura na caverna.

CAPÍTULO 33

Enquanto caminhavam até a caverna, Teodoro, a todo momento, perguntava para Eva:

— Onde está a mulher vestida de luz, querida?

— Ela está flutuando à nossa frente.

— Flutuando?!

— Silêncio, papai. Os espíritos não precisam pisar no chão como nós; eles flutuam no ar.

— Que estranho! Essa mulher tem pés?

— Tem, sim. Ela usa uma sandália branca e é muito bonita!

— Eu gostaria de ter uma prova de que essa mulher está caminhando à nossa frente. Também quero vê-la!

— Ela sorriu e disse que você terá a prova que deseja.

— Teodoro, fique quieto! Você está distraindo nossa filha. Deixe-a fazer o que precisa ser feito. Eu estou toda arrepiada, veja!

— Você está sentindo a presença do espírito que está à nossa frente. Para algumas pessoas, a presença de espíritos causa sensações no corpo — explicou Edilene.

Durante o percurso, Edilene e Maria respondiam aos questionamentos de Beatriz e Teodoro. Por fim, o grupo chegou à entrada da caverna, e Maria disse:

— Por favor, não fiquemos empolgados com a beleza da caverna. Por favor, controlem a emoção e permaneçam com a mente positiva. Estamos aqui para libertar um espírito que está confuso e perturbado com seu novo estado. Afinal, mudar de dimensão não é uma coisa tão fácil para quem não acredita em vida após o desencarne.

— Esse espírito que vamos libertar talvez não saiba ainda que desencarnou. Fiquem em silêncio.

Enfim, o grupo adentrou na caverna e desceu por um caminho estreito até chegar a um salão onde ficava o lago. A nascente borbulhava no fundo do lago cristalino, e havia uma abertura no teto da caverna por onde a luz do sol passava, clareando o lago e parte do salão daquela formação rochosa.

A grande pedra repousava no fundo do lago e, abaixo dela, o corpo de João Vicente, que se decompôs sem ser encontrado. A polícia vasculhara a caverna à sua procura havia mais de um mês e, quando encontrou o carro que foi alugado no nome de uma empresa do Rio de Janeiro, deu o caso por encerrado.

Teodoro tinha certeza de que João Vicente, naquele momento, estava passeando na Europa. Só lhe era estranho o fato de o advogado não ter dado notícias até aquele momento.

Eva aproximou-se da margem do lago e apontou para a pedra submersa a dois metros de profundidade. A menina disse:

— O corpo dele está preso embaixo da pedra. Foi assim que ele morreu.

Olhando para o rastro que a pedra deixara no solo, Teodoro percebeu que ela se deslocara até o lago. As placas continuavam no local alertando sobre o perigo.

— Eva está certa! Veja o rastro fundo que a pedra deixou no chão!

— Não se exaltem, por favor. Vamos falar com nosso irmão que precisa de ajuda.

Maria pediu a todos que se sentassem, formassem um círculo e elevassem o pensamento aos seres espirituais amorosos que estavam ali para resgatar o espírito.

Quando todos ficaram em silêncio, Francisco aproximou-se de Maria e usou sua sensibilidade extrafísica para se comunicar com o grupo e com o espírito de João Vicente. A voz de Maria ficou alguns tons mais grossa, mostrando que ali falava um espírito masculino.

— Sou Francisco, um amigo que agradece a presença de todos aqui. Sinto o quanto alguns de vocês estão curiosos para saber como agimos nesses casos de resgate. O espírito da progenitora do rapaz que desencarnou ajudou a criança a guiá-los até aqui. Neste momento, essa progenitora tenta se mostrar para o espírito que anseia por ajuda. Peço à nossa irmã que seja a orientadora para nosso irmão necessitado.

— Eu posso falar com ele — disse Edilene.

Francisco então se afastou um pouco e deixou João Vicente falar através da sensibilidade de Maria.

O tom de voz de Maria novamente se modificou, e Teodoro manteve-se atento a todos esses detalhes. João Vicente começou dizendo:

— Eu imploro por seu perdão, garotinha! E a você, moça. Perdão! — João Vicente olhava para Beatriz e Eva.

— Você me conhece?

— Sim, eu acabei me vendendo a ele! Entreguei sua filha ao seu maior inimigo. Ele não tinha boas intenções quando me pediu para localizar a criança.

— João Vicente?! É você? — perguntou Teodoro muito assustado.

— Sou eu. Eu fui castigado por Deus por ser ambicioso! Entrei nesta caverna para me refugiar do calor e acabei preso no fundo deste lago. Não sei como consegui sair da água, mas não consigo sair desta caverna! Parece que há algo na entrada que não permite que eu deixe este lugar. Me ajudem! E me perdoe, menininha. Peça para sua mãe me perdoar também. Eu fui ambicioso!

— Eu o perdoo, e mamãe também o perdoa. Não é, mamãe?

— Claro, eu o perdoo. Mas ele fez algo bom para nossa família. Eu e Teodoro estamos felizes juntos. Não se torture por um erro que foi necessário para nosso entendimento.

— Não compreendo! Então não errei tanto assim?

Foi a vez de Maria falar:

— Você foi um instrumento do destino para unir novamente o casal. Não se culpe, pois tudo está certo, meu irmão. Siga com o grupo de socorristas que veio buscá-lo. Não tema o amanhã.

— Essa equipe de enfermagem está me convidando para me deitar na maca. Posso ir mesmo com seus membros?

— Sim. Eles só querem ajudá-lo. Você seguirá para outra dimensão para se refazer, pois não pertence mais a este plano terreno.

— Então é verdade que eu morri debaixo daquela pedra? Eu ouvia vozes, que me faziam gelar de medo... Elas diziam que eu estava morto embaixo da pedra. Muitas vezes, tentei retirar aquele corpo dali. Foi horrível!

— Tudo isso acabou, João Vicente. Essas vozes não irão perturbá-lo mais. Siga em paz para o plano dos espíritos.

— Estou ficando sonolento. Obrigado a todos pela ajuda. Peço-lhes perdão por ter errado com vocês. Minha mãe está aqui ao meu lado. Sempre desejei conhecê-la, pois cresci em um orfanato. Ela morreu quando nasci! Por favor, cuidem da menina que precisa ser amparada para se tornar uma mulher forte e ter condições financeiras para estudar e viver bem. O nome dela é Milena.

— Eu farei isso. Entregarei o dinheiro para Milena, e cuidaremos dela. Não se preocupe. Siga em paz, João Vicente — afirmou Teodoro.

Maria calou-se, respirou fundo e voltou a falar com a voz suave e delicada que era natural dela.

— Eles se foram. Pode contar para nós o que viu, Eva?

A menina narrou com clareza de detalhes o resgate de João Vicente e finalizou dizendo:

— A mulher vestida de luz disse que voltaria quando eu estivesse pronta para o trabalho. Ela me deu um beijo no rosto e falou que gosta muito de menininhas amorosas como eu. Eu sou amorosa, mamãe?

— Você é muito amorosa e doce, minha querida. Estarei ao seu lado para tudo o que precisar neste trabalho com sua mentora. Eu e Edilene.

— Eu também estarei ao seu lado, Eva. O papai está boquiaberto com o que aconteceu aqui — confidenciou Teodoro. — Nunca pensei que João Vicente estivesse nessa situação! Vamos para o sítio. De lá, chamarei a polícia para mostrar onde está o corpo dele. Daremos a João Vicente um sepultamento digno.

O grupo retornou para o sítio, e Teodoro fez a ligação. Após o almoço, a polícia chegou ao sítio e entrou na caverna. Teodoro contratou um guindaste potente para mover a pedra e libertar os restos mortais de João Vicente. Foi preciso usar a abertura no teto para fazer esse serviço. A polícia encontrou a carteira de João Vicente em um dos bolsos da calça, e seus documentos estavam quase intactos.

Depois de liberados os documentos, a polícia comunicou que precisava entrar em contato com a família de João Vicente. Teodoro prontificou-se a pagar as despesas para levar o corpo até a cidade em que eles viviam, mas João Vicente fora criado em um orfanato na Bahia e não tinha parentes. Quando completou dezoito anos, ele precisou deixar o orfanato. Então, reuniu seus poucos pertences e foi morar no Rio de Janeiro. Lá, conseguiu um emprego em uma das empresas de Teodoro no setor de serviços gerais, se destacou e, com a ajuda financeira da empresa, formou-se em Direito e comprou um apartamento. João Vicente não era amigo de Teodoro, mas era um bom advogado para as suas empresas e para os assuntos particulares dele. Infelizmente, o último trabalho acabou em uma grande tragédia.

Naquele fim de semana, todos permaneceram na Chapada dos Guimarães, enquanto as autoridades tomavam as providências para liberar os restos mortais de João Vicente. Teodoro estava encantado com a beleza do lugar. O grupo realizou diversos passeios pelas redondezas e conseguiu até avistar alguns animais perto do sítio. Até uma onça parda foi avistada a poucos metros da cerca, o que deixou Beatriz assustada, imaginando que Eva poderia ser caçada pelo animal. Esse pensamento foi externalizado, e a moça ouviu que não deveria permitir que pensamentos negativos chegassem à sua mente. Edilene disse:

— Eva está muito bem, Bia. Ela está brincando com o pai na sala principal. Você deveria estar feliz por avistar uma animal belíssimo como essa onça parda. Nós estamos no território de animais selvagens, e é natural que eles sejam vistos daqui do alto da janela de seu quarto.

— Eu estou envergonhada. Vocês nos ensinam tanto, e eu ainda tenho recaídas como essas. Realmente, é um animal belíssimo e devo agradecer por poder vê-lo. Deveria ter em mente que o medo atrai o que não desejo que aconteça. Dessa forma, acabo atraindo para Eva o que temo. Desculpe-me pela minha fraqueza, Edi.

— Sei que leva um tempo para doutrinar a mente. É preciso ficar atenta aos pensamentos que deixa entrar. A energia anda muito negativa à nossa volta. Pensamentos desagradáveis chegam e, se não estivermos atentos, eles entram e permanecem em nós, nos deixando negativos. É assim que começam as dores físicas e tudo passa a dar errado. Até para quem cozinha muito bem é possível errar uma receita e estragar os alimentos.

— Compreendo. Alegria sempre e pensamentos agradáveis o tempo todo. Quero ser uma pessoa positiva e alinhada com Deus e suas bênçãos. Sei que tudo fica melhor quando estamos na mesma sintonia positiva.

— Esse é o canal por ondem chegam as bênçãos. Acredite, somos capazes de fazer milagres em nossas vidas se nos mantivermos em sintonia positiva.

— Sempre achei que não merecia o amor de Teodoro, pois ele é um homem forte, que comanda várias empresas, e muitas famílias dependem do salário que ele lhes paga. Teodoro sempre se mantém positivo quanto aos seus negócios.

— E foi por essa forma negativa de se colocar que a vida encontrou uma brecha para afastá-la dele, Bia. Foi assim que você atraiu aquela mulher vingativa, que desejava estar em seu lugar para desfrutar dos benefícios do poder financeiro. Foi por pouco que você não desencarnou naquele acidente.

— Você quer dizer que eu atraí a desgraça para minha vida?

— Sim. Se você estivesse no bem e aceitasse com gratidão o que a vida colocou em seu caminho... talvez não tivesse entrado naquele carro e sofrido o acidente que vitimou Arthur. Ou até ele, se estivesse no positivo, teria descoberto a sabotagem no freio do carro e não teria desencarnado daquela forma estúpida.

— Nunca mais quero me sentir pequena e não merecedora de bênçãos. Eu sou Beatriz e sou especial. Não sou melhor que ninguém, mas também não sou pior.

— Muito bem! Mantenha-se no positivo. Você não quer ser melhor que ninguém; você é especial para si mesma! Como sou especial e Maria também é. Todos nós somos especiais e únicos! Manter-se positiva e reconhecer que você é única neste universo a colocam em uma posição favorável para receber o bem, pois você está respeitando Deus, que está em você e em todas as criaturas. Aquela onça parda belíssima é uma criatura criada por Deus, e Ele está em tudo em que coloca a mão. Deus é a energia criadora que dá vida a tudo e, por essa razão, Ele está em tudo e tudo é Deus.

— Edi, você é maravilhosa. Obrigada por me apresentar esses ensinamentos especiais.

— Estou a seu dispor, querida, mas não me coloque em um patamar onde não estou. Eu sou, sim, especial, mas você também é. Agora vamos descer, pois está quase na hora de pegarmos o helicóptero e voltarmos para o Rio de Janeiro.

— Eu adoro o Rio, mas desejava ficar mais um tempo aqui. Este lugar tem algo especial... Não sei explicar. Fico mais feliz olhando para essa paisagem.

— Quem sabe nas férias possamos ficar mais um pouco na Chapada? O que você sente aqui é a natureza em sua pureza. Nas redondezas, vivem poucas pessoas, e a vibração deste lugar é leve. Não há uma multidão se queixando e deixando o ar que respiramos poluído de tanta negatividade. Aqui tudo é positivo e agradável; o ar é mais leve e agradável de se respirar. Não existe poluição ou pessoas apressadas correndo de um lado para o outro.

Francisca entrou no quarto dizendo:

— Minha mãe ainda não retornou da vila. Quando ela se encontra com a Joana, perde a noção do tempo.

Daqui a pouco, temos de voltar para o Rio. Não quero atrasar nosso retorno.

— Fran, tem alguém esperando por você no Rio?

— Quem me dera se tivesse, Bia.

— Ele ainda anseia pelo reencontro entre vocês, Fran?

— Álvaro não fala comigo há uma semana. Não sei o que está acontecendo. Ligo para o celular dele e não tenho resposta. Ele deixou a rede social e não me responde. Espero que esteja bem.

— Ele está bem. Sinto que logo, logo você terá boas notícias de seu amado.

— Deus a ouça, Edi. Estou com muita saudade daquele marinheiro bonitão.

— Ouvi um carro chegando... deve ser Maria retornando da vila. Podemos descer as malas.

O grupo reuniu-se na sala principal, e os empregados da pousada colocaram as malas no helicóptero. Maria inteirou-se da administração da pousada e chegou à conclusão de que seria possível administrá-la remotamente. O homem que fora contratado para ser o gerente era amigo de Francisco e Maria havia muitos anos.

Maria deu ordens para os empregados deixarem a casa sempre organizada e limpa. Eles despediram-se da equipe de trabalho da pousada, entraram no helicóptero e seguiram até o aeroporto de Cuiabá. De lá, entraram no jatinho que já os aguardava e retornaram para o Rio de Janeiro.

CAPÍTULO 34

O domingo terminava, quando Teodoro recebeu um telefonema de um de seus empregados que cuidava do caso de João Vicente.

— Os restos mortais foram liberados pelo IML. Devo enviá-lo para qual endereço?

Teodoro passou o endereço do cemitério próximo à empresa ao rapaz, que perguntou:

— Segunda-feira pela manhã faremos o sepultamento de nosso amigo? Devo comunicar à família dele?

— João Vicente não tinha família; ele foi criado em um orfanato na Bahia. Faço questão de estar presente nesse funeral. Por favor, avise os funcionários do escritório que eram amigos de João Vicente do sepultamento. Todos nós vamos nos despedir dele.

O rapaz desligou o telefone, e Teodoro saiu de seu escritório na mansão. Ele encontrou Beatriz na sala de TV, zapeando os canais no controle remoto, e perguntou:

— O que está procurando, amor?

— Um filme engraçado para assistir. Hoje, prefiro as comédias aos filmes de terror.

— Você nunca gostou de assistir a filmes de terror!

— É verdade. Eu sentia medo e não conseguia dormir tranquila por várias noites, pois ficava me lembrando das cenas fortes do filme. Não quero mais ficar nessa energia densa e negativa. Quero ficar no positivo.

— Que bom! Gosto de você assim: alegrinha e sorridente. Não está cansada da viagem?

— Estou um pouco enjoada esta noite, mas logo isso passa.

Beatriz ficou calada, e Teodoro perguntou:

— Darei mil beijos por seus pensamentos!

— Quero todos esses beijos, amor! Eu estava pensando na Fran. Ela disse que não teve mais notícias de Álvaro.

— O marinheiro...! Eu sei onde ele está! Fran vai adorar saber que ele está chegando ao Rio de Janeiro.

— O que você está sabendo? Fran não sabe de nada a respeito de ele vir para cá. Ela está aflita com o sumiço de Álvaro.

— Promete que não vai contar para ela? Seria uma surpresa para você e para Fran também.

— Prometo, mas, se for algo desagradável, terei de contar para a Fran.

— Eu desejava fazer uma surpresa para Fran, mas, diante do sofrimento de nossa amiga, contarei. Contratei Álvaro como capitão do iate que comprei nas Bahamas. Você gostou tanto de passear naquele iate que eu decidi comprá-lo para presenteá-la, amada! Álvaro está trazendo a embarcação para o Rio de Janeiro. Em poucos dias, ele estará aqui e ficará na cidade.

— Que notícia maravilhosa, amor! Quer dizer que teremos nosso iate e a Fran terá o amado ao lado dela?! Isso é muito bom!

— Percebi que você havia gostado muito de mergulhar com nossa Eva. Teremos um professor para vocês e nossa embarcação confortável esperando por nós na marina que meu pai construiu para a mansão.

— Temos uma marina?

— Não se lembra de onde fica a marina? Quando nos casamos, pegamos uma lancha para sairmos da festa. Não se recorda?

— Recordo-me da lancha, mas não da marina. Não sabia que havia uma.

— Você não teve tempo ainda de explorar a casa inteira. Amanhã, Edilene fará um tour com você pela mansão.

— Gostaria que fizesse esse tour comigo, amor.

— Eu preciso trabalhar, amor. Amanhã cedo acontecerão o velório e o sepultamento de João Vicente, e preciso estar presente na cerimônia ao lado de meus funcionários. Afinal, esse rapaz entrou na empresa como trabalhador de serviços gerais e se tornou um bom advogado. Depois, terei de ir para Bastos, em São Paulo. Quero conversar com a diretora do orfanato onde Milena está. Prometi a João Vicente que daria uma fortuna para a menina.

— Pelo que Eva me conta, Milena é uma boa menina. Eu sei de alguém que adoraria cuidar dela.

— Quem é essa pessoa que deseja adotar a menina?

— Ainda não tenho a resposta, mas logo poderemos conversar a respeito disso.

— Se eu não retornar para casa amanhã à noite, é porque fiquei em São Paulo.

— Não queria que ficasse longe de mim uma noite sequer. Volte assim que resolver tudo por lá.

— Prometo que voltarei para seus braços, minha amada. Vamos para o quarto. Estou cansado e quero ficar abraçadinho com você. Vamos dar nosso boa-noite para Eva.

— Ela já dormiu. O fim de semana foi agitado para a pequena. Percebeu como Eva lidou com aquela situação estranha na caverna? Senti um orgulho danado de nossa filha.

— Fiquei assustado com a sensibilidade extrafísica dela. Preferia que Eva fosse uma criança normal.

— Ela é normal, amor. Só tem os olhos e ouvidos abertos para outra dimensão.

— Temo que as outras crianças não aceitem com facilidade essa caraterística peculiar de nossa filha. Não quero que Eva sofra com a irreverência das crianças no colégio.

— Estaremos ao lado dela para protegê-la.

O celular de Teodoro tocou e ele atendeu. Era o seu novo advogado, avisando que os amigos de João Vicente foram informados de seu falecimento e que seus restos mortais estavam prontos para seguir para São Paulo.

— Nos encontraremos às quatorze horas, após o sepultamento, e partiremos do heliporto do prédio. Iremos de helicóptero e voltaremos juntos para o Rio. Não se preocupe. Obrigado por me fazer esse favor.

Teodoro desligou o telefone, pegou Beatriz em seus braços e a levou para o quarto, encerrando assim o fim de semana.

Pela manhã, Teodoro, como de costume, saiu da mansão muito cedo e seguiu para a empresa. Lá, assinou muitos papéis e participou de uma reunião para tratar de alguns assuntos importantes. Após o sepultamento de João Vicente, seguiu para São Paulo em seu helicóptero e depois para o endereço do orfanato, que Beatriz anotara em um pedaço de papel.

Após se deparar com uma construção antiga, Teodoro viu que diversas crianças brincavam no jardim. Ele se anunciou e foi atendido pela diretora do orfanato. Teodoro fez questão de conhecer Milena e sentiu que aquela menininha meiga também poderia ser sua filha. Ele caíra de amores pela garotinha. O advogado apresentou o recibo do depósito bancário realizado na conta de Milena Aparecida Vaz e comunicou que, conforme o juiz havia determinado, ela poderia movimentar a conta quando completasse dezenove anos. Teodoro fez uma doação generosa ao orfanato e retornou ao Rio de Janeiro.

A noite havia caído, e Beatriz insistia em ligar para o celular do marido. Ela não desejava ficar preocupada, mas a demora a deixava agoniada. Edilene percebeu o que estava acontecendo e foi ao seu socorro dizendo:

— Não entre nesse caminho, querida. Não se preocupe. Teodoro avisou que demoraria esta noite. Ele trabalha muito e precisa tomar muitas decisões. Respire fundo e limpe sua mente desses pensamentos negativos. Seu marido está bem e chegará em breve. É melhor você se distrair assistindo a um bom filme.

Edilene indicou a Beatriz um filme que ela havia assistido e que, em sua opinião, era muito engraçado. Beatriz aceitou o conselho da amiga e concentrou-se nas imagens na televisão. O tempo passou rápido, e Teodoro chegou a casa com saudade da família.

Teodoro deu um beijo em Beatriz e foi tomar um banho rápido, pois estava faminto. Edilene foi preparar um lanche para ele, pois os empregados já haviam se recolhido, e Beatriz foi até a cozinha ajudá-la. Enquanto comia seu lanche, ele contou às duas mulheres as impressões que tivera de Milena, e Edilene disse:

— Gostaria muito de cuidar de Milena, mas sei que a presença dela na mansão iria contrariá-lo.

— Também gostaria que a menina fosse criada por você, Edi, mas Eva nunca esqueceria onde ficou quando era um bebê.

— Tenho uma ideia... A Maria! Ela pode cuidar de Milena! — sugeriu Edilene.

— Não seria correto Maria cuidar de uma criança. Além disso, Milena ficaria por perto, e Eva... — respondeu Teodoro.

— Compreendo, amor, mas não vamos nos desgastar com isso agora. Amanhã, eu farei uma ligação para minha irmã — disse Beatriz.

— Bete continua solteira?

— Sim, Elizabete não se casou e tem muito tempo livre, pois já se aposentou do trabalho. Fiquei sabendo que ela anda procurando uma criança já grandinha para adotar.

— Como ficou sabendo?

— Amor, por coincidência ou não, Bete me ligou na semana passada e me falou de seu desejo de adotar uma criança. Eu disse que a levaria para visitar um orfanato no interior de São Paulo. Quem sabe não dê certo?

Engraçado... todas as vezes em que eu pensava em Milena, a imagem de minha irmã aparecia em minha mente.

— Não sei não... Sua família sempre esteve distante de você. Quando esteve escondida, ela não fez nada para encontrá-la.

— Esse é mais um motivo para Milena ser bem cuidada e manter-se afastada de Eva. Bete é uma pessoa do bem, Teodoro. É carinhosa e se dedica com amor às pessoas que buscam um alento. Ela sempre tem uma palavra boa para oferecer. Penso que Bete será uma boa mãe para Milena. Quanto ao fato de minha irmã não ter feito nada quando resolvi desaparecer de sua vida... Eu entrei em contato com ela e disse que estava muito bem e que não se preocupasse comigo. Contei que estávamos separados e por essa razão não daria meu endereço a ela.

— Eu realmente estive em São Paulo à sua procura, pois desejava a separação. Estava louco de raiva, pois acreditava que você havia me traído. Eu a imaginava nos braços do motorista e desejei me vingar! Nunca mais me deixe, amor.

— Não quero voltar a esse assunto desagradável, Teodoro. Vamos ficar no positivo. Eu estive na casa de minha irmã por um tempo, e você não me encontrou. Bete é a pessoa ideal para cuidar de Milena. Quanto à pequena fortuna que João Vicente pediu para deixar para a menina, não se preocupe. Minha irmã é a pessoa mais honesta que conheço. Ela seria incapaz de lesar a criança financeiramente. Tenho certeza de que esse dinheiro servirá para custear a universidade de Milena. Estou pensando em levar minha irmã amanhã mesmo para Bastos. Visitaremos o orfanato.

— Prometi que os desejos do falecido seriam realizados e fiz o depósito na conta que abrimos para a menina. Falta apenas alguém para cuidar de Milena. Vocês precisavam ver como ela é meiga, delicada e muito bonita. Senti vontade de trazê-la para a mansão, mas sei que não suportaria saber que Eva recordaria para sempre que viveu a primeira infância em um orfanato. Farei tudo para que ela apague da memória essa fase de sua vida. Neste fim de semana, iremos para São Paulo. Ligarei para meu piloto e definiremos um horário para chegarmos a Bastos. Se sua irmã realmente aceitar adotar a menina, eu pedirei para meu novo advogado resolver os detalhes burocráticos.

Francisco estava sintonizado com a conversa que acontecia na cozinha da mansão e abriu um belo sorriso ao saber que seus planos estavam seguindo bem. A sugestão de unir Elizabete e Milena fora dele. As duas mostravam-se carentes de afeto. Uma desejava ter um filho, e a outra desejava ter uma mãe. Francisco analisou todos os aspectos daquela união e ficou satisfeito em descobrir afinidades entre elas. Naturalmente, Milena também pertencia ao grupo de reencarnantes mais abrangente da família de Elizabete.

Francisco deixou a mansão muito satisfeito com o andamento de seus planos e seguiu para o apartamento de Maria. Chegando lá, levou-a durante o sono para uma cidade no mundo espiritual.

Maria estava linda e sorriu ao receber um beijo de seu amado. Ela disse:

— Falta pouco tempo para nós nos unirmos novamente.

— Você deixará Francisca sozinha?

— Ela é uma mulher forte e muito independente. Às vezes, penso que eu preciso mais dela do que ela precisa de mim. Álvaro está chegando, e nossa filha encontrará o afeto que falta para completar sua felicidade.

— Desejo seu regresso, meu amor, mas ainda precisamos realizar uma última tarefa com nossos amigos.

— Que missão é essa? Não estou ciente de ter outro compromisso para realizar.

— Não se lembra que desejávamos inaugurar a escola do viver bem?

— Escola do viver bem?! Eu realmente não compreendo o que está me dizendo, Francisco!

— Eu estou brincando com você, amor. Gostaria de ensinar às pessoas a melhor maneira de viver no bem, no positivo, pois sinto que não existe uma escola que ensine o bem viver aos encarnados.

— O que podemos fazer para realizar seu desejo? Você está ciente de que as pessoas ignoram o que realmente importa para evoluírem? Muitas pensam que é preciso fazer caridade para conquistar um passo adiante na jornada evolutiva. Essas pessoas preferem cuidar da vida das outras e se esquecem de fazer o bem para si mesmas. Assim, elas acabam se abandonando, se colocando em último lugar, quando deveriam sempre se pôr em primeiro lugar. Sem egoísmo, obviamente — falou Maria.

— Você me ajudaria a realizar esse desejo?

— Como posso colaborar para isso, amor?

— Existe um meio de deixarmos nossa mensagem para quem deseja fazer escolhas melhores. Você sabe mexer na tecnologia disponível no planeta?

— Não compreendo muito, mas posso aprender e pedir ajuda para colocar seu plano em ação. Está pensando em gravar vídeos em uma rede social?

— Estou. Juntos, faremos uma boa dupla. Poderíamos deixar nosso recado, e, depois do nosso trabalho realizado, você retornaria para casa. E assim seríamos só felicidade, amor.

— Aceito mais esse desafio, Francisco. Antes de partir, nós deixaremos nosso recado.

Os dois caminharam por entre as flores do belo jardim, enquanto conversavam animadamente e trocavam juras de amor.

CAPÍTULO 35

O iate atracou no ancoradouro da mansão, e um empregado da casa aguardava Álvaro. O capitão foi conduzido até a mansão e cumprimentou Edilene com carinho. Ela disse:

— Que bom tê-lo conosco, meu amigo. Fran ficará muito feliz em saber que você está aqui.

— Não vejo a hora de estar com ela! Como está minha amada?

— Um tanto preocupada por não ter notícias suas. Ela deseja procurar sua família para ter notícias.

— Quando ela descobrir que cheguei para ficar no Rio de Janeiro... Veja o que trouxe para colocar no dedo de minha amada!

Álvaro abriu uma caixa de joias e lá estava um par de alianças douradas, com uma pedrinha de diamante brilhando no meio de uma delas.

— Será que ela aceitará meu pedido?

— Meu filho! Penso que nossa querida Fran vai amar seu pedido. Ela te ama, seu bobo.

— Agora estou mais calmo. Quando vocês partiram das Bahamas, eu fiquei muito triste. O tempo passou, e eu desejava estar ao lado dela. Quando Teodoro entrou em contato comigo e me convidou para trabalhar para ele, fiquei muito feliz. E aqui estou para dar início à minha nova vida ao lado da minha amada! Pode me dar o endereço dela, Edi?

— Espere, meu querido. Teodoro quer preparar uma surpresa para Fran.

— Espero que essa surpresa não demore muito, pois estou cheio de saudades da Fran.

— Hoje é sexta-feira. Ligarei para Teodoro para contar que você chegou. Ele deve preparar a surpresa ainda hoje.

Edilene conversou com Teodoro e depois chamou Beatriz, que estava com Eva no quarto. As duas desceram a escada e ficaram de frente com Álvaro na sala principal. Depois do cumprimento formal, Beatriz disse:

— Que bom que está aqui, Álvaro! Fran anda tristinha e cheia de saudades de você. Ela deseja procurar sua família para saber do seu paradeiro.

— Meus pais não sabem que estou no Rio de Janeiro. Fran ficaria ainda mais preocupada e preocuparia meus pais.

— Ligarei para ela e pedirei que venha para cá depois de sair do hotel. Às sextas-feiras, ela sempre sai mais cedo. Vá se arrumar para sua amada. Pedirei para colocarem flores por todo o iate. Neste fim de semana, vocês se reencontrarão e poderão passear por onde desejarem com o iate. São ordens de Teodoro. Ele deseja ver nossa amiga feliz.

— Agradeço muito o carinho do meu patrão. Obrigado.

— Mandarei prepararem um delicioso jantar para o casal e convidarei Maria para passar o fim de semana com Edilene e Eva na mansão. Eu e Teodoro vamos para São Paulo neste fim de semana.

Álvaro apressou-se em deixar a embarcação impecável. Tomou um banho, vestiu seu uniforme de capitão e perfumou-se.

Eram dezessete horas e trinta e sete minutos quando Francisca chegou à mansão. Beatriz fez questão de levar a amiga até o ancoradouro para mostrar-lhe o novo iate que Teodoro havia comprado. No caminho, Beatriz falou de seus planos para se livrar da cicatriz em seu pescoço; pretendia fazer uma plástica com um cirurgião renomado do Rio de Janeiro.

Francisca não comentou nada, pois estava cansada. E, apesar de estranhar o comportamento da amiga, não se queixou de caminhar até a praia e seguir até o final do ancoradouro. Quando elas finalmente entraram na embarcação, depararam-se com o capitão, que estava de costas para elas. Beatriz disse:

— Fran, vou buscar a Eva. Ela deve ter chegado do colégio. Fique aqui com o capitão. Ele lhe mostrará o iate até que eu retorne.

Beatriz se foi, e Álvaro virou-se para Francisca.

— Álvaro! O que faz aqui? Quando chegou ao Rio?! Por que não me avisou que viria? Eu estava muito preocupada como o seu silêncio, meu amor!

— Acalme-se, minha amada. Estou aqui todinho para você! Tenho um pedido a lhe fazer.

Álvaro ajoelhou-se no convés, retirou do bolso a caixinha com as alianças e perguntou:

— Fran, você aceita se casar comigo?

Francisca ficou trêmula e, entre as lágrimas que rolavam por sua face, respondeu:

— Eu aceito, meu amor. Desejo ser sua para sempre, Álvaro!

Ele colocou a aliança no dedo de Francisca e disse:

— Assim que me estabelecer na cidade, vamos marcar a data do nosso casamento. Eu a amo tanto, Fran. Estava com muita saudade de você. Namorar por videochamada apertava meu coração. Queria estar com você.

— Eu também estava me sentindo incompleta. Desejava estar em seus braços, mas era impossível deixar meu emprego e voltar para as Bahamas. Estava triste e fiquei desesperada sem notícias suas. Uma semana sem dar um sinal de vida, meu amor!

— Eu estava navegando por uma região onde não havia sinal de celular. Queria lhe fazer uma surpresa e aqui estou! Cheguei para ficar. Podemos viver nosso amor.

O casal trocou beijos ardentes, e o capitão tomou sua amada em seus braços fortes e levou-a para sua cabine, entregando-se ao sentimento mais puro de amor.

Depois do jantar romântico, Álvaro levou o iate para o alto-mar e seguiu em direção à cidade de Angra dos Reis.

Teodoro ficou feliz em saber que seus planos haviam dado certo e que conseguira ajudar o casal. O motorista de Beatriz foi buscar Maria em seu apartamento.

Maria chegou animada, falando que Francisca havia ligado e contado a novidade. Ela abraçou Teodoro e Beatriz e os agradeceu pelo cuidado e carinho que tiveram com sua filha.

— Vocês são maravilhosos! Meu casal preferido! Fran deve estar muito feliz! Ela estava aflita com Álvaro. Eu nunca havia visto minha filha tão aflita. Preocupada com o rapaz, ela acabou esquecendo tudo que sabia sobre ficar no equilíbrio e manter a mente positiva — disse Maria.

— O amor transforma as pessoas, minha amiga. Estou feliz em saber que, neste momento, Fran também está muito feliz. E você não verá a sua filha até domingo à noite. Álvaro ficará com o iate para passear e namorar muito. Sendo assim, gostaria que você aceitasse meu convite para passar o fim de semana na mansão. Eu e Beatriz temos que ir para São Paulo e seria ótimo que Edilene e Eva tivessem sua companhia.

— Ela não irá com vocês? — perguntou Edilene, que entrava na sala principal e fora cumprimentar Maria. Eva estava logo atrás dela.

— Não. Desta vez, nossa filha ficará um pouquinho longe do papai e da mamãe, mas estará na companhia de suas avós que a amam muito. Poderão brincar pela casa toda ou até passar um dia na praia.

— Posso passear de barco com a tia Fran, mamãe?

— Não, querida. Sua tia está longe de nossa casa. Numa próxima vez, todos nós vamos passear no barco novo do papai.

— Mas eu quero ficar com a tia Fran.

— Não seja manhosa, Eva. Tia Fran está acompanhada do namorado, e menininhas podem atrapalhar a intimidade do casal.

— Eu conheço o tio Álvaro, mamãe. Ele gosta de mim. Lembra que ele me ensinou a ver os peixinhos debaixo d'água? Não foi, vovó Edi?

— É verdade, querida. Álvaro teve muita paciência e tratou com muito carinho a menininha mergulhadora, mas eles precisam ficar sozinhos desta vez. A vovó ficará com você neste fim de semana. Eu e a vovó Maria vamos ensiná-la a fazer bolo de chocolate, o que acha?

— Aquele bolo delicioso que tem gotinhas de chocolate por dentro e por fora? Que gostoso! Eu quero, vovó Edi! Eu posso, vovó Maria?

— Claro que pode. Nós vamos fazer uma verdadeira bagunça na cozinha amanhã.

— Oba! Eu serei a cozinheira! Não se preocupe, pai! Prepararei um bolo e guardarei um pedaço para você.

— E eu não ganharei um pedaço de seu bolo, filha?

— Darei um pedacinho pequeno para você, mamãe. É que está ficando gordinha. Veja o tamanho de sua barriga!

Todos riram, e Eva repetiu:

— Ela está gordinha, não é, papai?

— Ela está belíssima, filha. É a grávida mais bonita do mundo.

— Eva, sua mãe tem um bebê crescendo dentro da barriga — explicou Edilene.

— Vovó, Edi! A mamãe engoliu o bebezinho?!

Eva levou as mãozinhas até a boca e arregalou os olhinhos.

— Digamos que... sim! Acho que está na hora de servir o jantar — disse Edilene.

— Com certeza, está na hora do jantar — falou Teodoro.

Todos se reuniram à mesa do jantar, e Maria contou a novidade sobre os novos planos de divulgar os ensinamentos de Francisco nas redes sociais. Teodoro e Beatriz ficaram empolgados, e Edilene demonstrou que desejava ajudar nesta nova empreitada.

Depois de colocarem Eva para dormir, os quatro ficaram elaborando um nome para a plataforma da escola do bem viver.

CAPÍTULO 36

Beatriz, Teodoro e Elizabete entraram no orfanato em Bastos. Quando ficaram diante de Milena, o coração de Elizabete acelerou e ela teve a sensação de que já conhecia a menina.

Beatriz não precisou mostrar qual era a criança protegida pelo casal. Elizabete sentou-se com Milena em um banquinho no jardim, e as duas ficaram conversando por quase todo o horário de visita.

Teodoro e Beatriz havia encomendado uma festa animada para as crianças, com muita comida, bebida, palhaços e mágicos. O sorriso delas deixou o casal feliz.

— Amor, que delicioso vê-los animados! Quero sempre participar de festas agradáveis como esta! Podemos fazer uma festa por mês em um orfanato no Rio de Janeiro. O que acha?

— Teodoro, se você tiver tempo para esse tipo de caridade, eu farei com todo o meu coração. Conheço alguns orfanatos no Rio. Quando deixei nossa filha aqui, eu fiquei muito triste e estar perto de crianças me deixava mais calma. Amei sua ideia. Amo ver os sorrisos nesses rostinhos.

— Combinado! Uma festa por mês nos orfanatos que você escolher. Mas Eva fica fora disso! Não quero que ela guarde na memória qualquer coisa que a remeta ao lugar onde passou sua primeira infância.

— Está bem. Somente quando nossa filha estiver mais velha, ela poderá fazer parte dessas festas deliciosas. Se você deseja assim... assim será, amor.

— Como sempre, você é compreensiva. Obrigado.

— De nada, seu bobo! Faço qualquer coisa para vê-lo feliz. Amor, notou como aquelas duas estão grudadinhas desde que chegamos?

— Sim, amor. Notei que sua irmã caiu de amores por Milena. Ela é uma menina muito bonita e delicada. Eva teve sorte por tê-la ao seu lado. Quero dar a essa menina uma vida de rainha! Daremos a Milena tudo o que ela precisar.

— Você também caiu de amores por ela! Fico feliz. E até seu advogado desajeitado caiu de amores por Milena.

— João Vicente era bem desajeitado; ele era engraçado. Muitas vezes, derrubava as pastas que estava segurando. Os papéis pareciam criar vida em suas mãos. Tudo saía voando! Mas era um bom profissional em sua área.

— Ele deve estar satisfeito com a solução que demos ao pedido dele. Bete será uma mãe carinhosa para Milena. Penso que já podemos providenciar a papelada da adoção.

— Calma, amor. Essas coisas levam um tempo. O juiz tem que investigar a vida de sua irmã e aceitar o pedido de adoção.

— Claro, a velha e desagradável burocracia! Mas se Milena e Bete tiverem que ficar juntas, tudo acontecerá a favor disso. Pedirei ao espírito de Francisco para nos ajudar neste caso.

Elizabete aproximou-se do casal e disse:

— Milena foi pegar um pedaço de bolo.

— Parece que você gostou da menina, minha irmã.

— Ela é um docinho. Sinto que já conhecia essa menina. Mas vocês queriam me apresentar a uma criança, e eu fiquei conversando com Milena. Qual é a criança que vocês querem me apresentar?

— Não se preocupe com isso. Se tivesse que escolher uma criança entre todas que estão aqui, qual levaria para sua casa?

— Milena, é claro! Essa menina tem um jeitinho meigo e é muito inteligente. Conversarei com a diretora do orfanato. Quero saber se Milena está disponível para adoção. Se pudesse, levaria a menina hoje para minha casa.

— Não é bem assim que as coisas funcionam, minha cunhada, mas estou disposto a ajudá-la no que precisar para realizar essa adoção.

— Obrigada, Teodoro! Com sua ajuda, será mais fácil adotar Milena. Esperem aqui. Vou falar com a diretora.

Os dois se entreolharam e abriram um sorriso discreto nos lábios. Beatriz disse:

— Acho que o espírito de Francisco já está nos ajudando neste caso. Minha irmã costuma visitar orfanatos, mas nunca se interessou por uma só criança dessa forma animada como se interessou por nossa protegida!

— Esse espírito é poderoso! Tenho fé de que tudo dará certo.

Elizabete retornou da diretoria muito animada e disse:

— Milena não tem ninguém nesta vida. Pedi para a diretora me ajudar com o pedido de adoção. Ela ficou muito feliz em saber que desejo a guarda da menina.

— Que maravilha, cunhada! Darei a você uma boa quantia para se locomover da capital para o interior. Você terá que fazer muitas viagens até o processo de adoção terminar.

— Você perguntou para Milena se ela deseja ser adotada?

— Sim, Bia! Foi uma das primeiras perguntas que fiz para ela. Milena respondeu que seria muito feliz se alguém desejasse adotá-la. Estou muito contente! Obrigada aos dois por me convidarem para esta festa.

— Eu sabia que você iria gostar de participar de uma festa em um orfanato, afinal, você sempre foi a alma caridosa de nossa família.

— Gosto de ajudar as pessoas. Mamãe vivia dizendo que eu perdia muito tempo com quem não merecia, mas isso não era verdade. Eu me sinto preenchida quando faço o bem.

— Você deveria encontrar um amor com quem dividir sua felicidade.

— Eu estou bem sozinha. Me sinto livre e leve, sem dever explicações a ninguém. Desejava muito ter um filho biológico, mas, aos cinquenta anos, não sou mais jovem para ter meu primeiro filho. Milena preencheria essa minha carência afetiva de dar amor a uma criança.

Depois de se despedirem de Milena e das outras crianças, os três deixaram a festa, regressaram a São

Paulo e deixaram Elizabete em casa. O casal hospedou--se em um hotel de luxo na cidade e, como era noite de sábado, os dois seguiram para o teatro e jantaram em um restaurante badalado.

No início da tarde de domingo, quando retornaram para o Rio de Janeiro, encontraram Eva e suas avós brincando na piscina. A tarde findava, e, ao longe, na linha do horizonte, viram uma embarcação se aproximando.

— Lá está minha filha! Fran está chegando, Eva — disse Maria sorrindo.

— Oba! Todos reunidos! Adoro isso!

Beatriz e Teodoro entraram na piscina, pois o calor estava forte no Rio de Janeiro. Quando Francisca e Álvaro chegaram, encontraram-nos divertindo-se na água.

Francisca mostrou a aliança a todos, que a parabenizaram. Teodoro, então, propôs um brinde, e Edilene providenciou o champanhe. O ambiente estava muito agradável.

Quando as taças se tocaram, Maria sentiu a presença de Francisco ao seu lado. Mentalmente, ele disse: "A vida une as pessoas que se amam verdadeiramente. Viva o amor! Não importa quanto tempo se passou, não importa quanto desencontros tiveram, o amor é o verdadeiro combustível para nos fazer seguir em frente. Só o amor abre espaço para a felicidade na vida!".

— Viva o amor! — disse Maria.

E todos, com as taças erguidas, repetiram:

— Viva o amor!

FIM

CONHEÇA ALGUNS ROMANCES DE

MEIRE CAMPEZZI MARQUES

IMPOSSÍVEL ESQUECER
MEIRE CAMPEZZI MARQUES
Romance inspirado pelo espírito Ellen

Impossível esquecer

Solange é uma jovem determinada, que trabalha de sol a sol na orla de Fortaleza, sua cidade natal. Acompanhada dos irmãos, a moça vende bolsas, que a família produz com muita dificuldade para garantir o sustento da casa. A vida para ela, seus irmãos e sua mãe é de escassez e medo, pois o pai, um homem violento, desconta sua frustração em toda a família, espancando-os impiedosamente. Em Solange, a dor é ainda maior, e ela sofre calada, num misto de vergonha e revolta.

Começar uma nova vida, enterrando de vez as lembranças ruins, era tudo o que Solange queria, e a oportunidade surge quando ela menos espera. Assim, a jovem, acompanhada da irmã Soninha, embarca em uma viagem que mudará sua vida.

Em seu novo lar, um acontecimento traz à tona os sentimentos represados e a necessidade de tomar algumas decisões.

Descubra todos os mistérios e desafios que envolvem a jornada de Solange em ***Impossível esquecer***.

OS DESAFIOS DE UMA SUICIDA
MEIRE CAMPEZZI MARQUES
Romance inspirado pelo espírito Ellen
OS
DESAFIOS
DE UMA
SUICIDA
MEIRE CAMPEZZI MARQUES
Romance inspirado pelo espírito Ellen

OS DESAFIOS DE UMA SUICIDA

O que fazer quando a alma é tomada de aflição? Como se livrar do medo e das dores que dilaceram o espírito já tão atormentado?

Perdida em sua dor, Aline sentia-se incapaz de cumprir os compromissos firmados quando ainda estava na erraticidade. Todas as vezes, ela fazia planos, mas, ao reencarnar, usava de seu livre-arbítrio para fazer escolhas que lhe traziam graves consequências.

E agora, nesta nova oportunidade, a moça será capaz de superar suas más inclinações?

Neste romance, acompanhe a trajetória de Aline, um espírito que hesitou muitas vezes, mas que, auxiliado pela espiritualidade, buscou nas leis da vida a força para enfrentar **os desafios de uma suicida**.